퇴직 전 30억 만들기 프로젝트

직장인 불로소득

퇴직 전 30억 만들기 프로젝트

직장인 불로소득

초판 1쇄 인쇄 2024년 8월 19일
초판 1쇄 발행 2024년 9월 2일

지은이 홍주하

발행인 백유미 조영석

발행처 (주)라온아시아
주소 서울특별시 서초구 방배로 180 스파크플러스 3F

등록 2016년 7월 5일 제 2016-000141호
전화 070-7600-8230 **팩스**070-4754-2473

값 19,800원
ISBN 979-11-6958-119-6 (13320)

퇴직 전 30억 만들기 프로젝트

직장인 불로소득

홍주하 지음

자산 10배 증가 주식 투자 전략

자산 10배 증가 부동산 투자 전략

사회 초년생 신혼부부 4050 재테크 전략

자본주의 사회, 불로소득이 필요하다

위기의 가면 속에 숨은 기회를 포착해 무모한 투기가 아닌,
용감한 투자로 자산의 퀀텀 점프를 실현하는 노하우!

RAON BOOK

RAON BOOK

프롤로그

복리 그래프를 그리는 인생, 여유롭고 풍요로운 노후를 위한 프로젝트

퇴직 전 30억 모으기, 과연 이룰 수 있는 금액일까? 월급을 한 푼도 쓰지 않고 내내 모은다고 해도 10억은 모을 수 있을까? 고액 연봉자가 아니고서야 평범한 직장인 입장에서 저축만 한다면 불가능한 일임에 틀림 없다.

하지만 불로소득을 통한 30억 만들기가 가능한 시대가 왔다. 서점에는 재테크 서적이 넘쳐나고 유튜브만 봐도 쪽집개 재테크 강사들이 부자가 되는 정보를 공짜로 알려준다. 당신은 지금 월급만으로는 도저히 살 수 없다며 이 책을 집어들었을 것이다.

위기 속에 기회가 있다

2014년 겨울, 당시 결혼 7년 차였던 나는 첫 아이 학군지로의 이사를 위해 집을 사려고 주말마다 부동산을 보러 다녔다. 분양 사무실 직원은 늦은 저녁까지 전화를 해서 왜 이 집을 사야하는지에 대해 구구절절히 설명을 했지만, 나 역시 그 분위기에 편승해 용기 있게 분양을 받지는 못했다. 모두가 공포에 사로잡혀 아무도 집을 사지 않은 시기, 미분양이 넘쳐나는 시기였다.

2년 후 집은 어느새 2억이 올라 있었고, 남편과 나는 땅을 치고 후회하였다. 2억이란 돈은 당시 가지고 있었던 돈보다 훨씬 더 큰 돈이었기에 그 오른 집값을 하염없이 원망할 수밖에 없었다.

시간이 지나 생각해보니 그때가 2008년 리먼 사태로 자산시장이 폭락하고 오랜 기간 횡보하다가 집값의 바닥을 찍고 올라가려고 준비 중이었던 시기였다. 맞벌이를 해도 월급은 모으기 힘든데 집값 오르는 것을 보니 불안해지기만 했다. 그렇게 일 년을 고민만 하다가 '부동산 시장에 뭔가 규칙이 있구나'하고 깨닫기 시작했고, 과거의 실수를 만회하기 위해 부동산 공부를 시작하였다. 그렇게 오를 만한 집을 찾아 사려고 하니 주변 지인들은 "지금 집을 사면 어떻게 하냐", "더 떨어질거다."하면서 온갖 부정적인 말들을 쏟아 냈다.

3년 후, 내 예상대로 우리가 구입한 아파트는 처음 분양가의 2배가 되었다. 하지만 그렇게 말했던 지인들은 그때나 지금이나 그대로이다. 하물며 지금도 앞으로 집값이 더 떨어질 것이라며 절대 지금 집을 사는 건 위험하다고 말한다.

코로나가 전 세계 경제를 흔들고 주식시장이 폭락하였을 당시 환율은 최고가를 찍었다. 그때 난 미국 주식을 사기 위해 환전을 하고 미국 달러를 샀다. 이번에도 주변 지인들은 "지금 달러가 최고가인데 달러를 왜 사는거야?", "지금은 주식을 살 때가 아니야" 라며 부정적으로 이야기를 했다. 하지만 소신대로 샀었던 미국 주식은 한창 최고가일 때보다 못 미치지만 당시 매수 금액의 두 배가 넘는 수익을 안겨주었다.

자산시장은 상승과 하락을 반복한다. 이와 같은 자산 상승의 사이클을 잘 탔던 사람들은 퀀텀 점프를 하였다. 실제로 2014년 부동산이 저점을 찍었을 때 부동산에 눈을 떠서 적극적으로 투자한 사람들 중 자산가가 많이 탄생하였다. 나 역시 그 흐름에 편승하여 자산을 10배 이상 불릴 수 있게 되었다. 모두가 위기 속에 두려워

할 때 그 두려움을 이기고 용감하게 선택한 결과이다. 앞으로 이런 기회는 다시 찾아올 것이다. 위기라는 가면 속에 숨어서 말이다.

불로소득을 얻기 위한 노력

불로소득이라고 하면 어떤 생각이 떠오르는가? 불로소득이란 단어를 들었을 때 주식 투자, 부동산 투자만을 떠올렸다면 당신은 자본주의 문맹이라 해야 할 것이다. 불로소득이란 직접 일을 하지 않고 얻는 수익을 총칭한다. 매일 직장에서 노동을 하고 얻은 대가는 노동소득이고, 내가 일하지 않고도 자산 상승으로 인한 수익이나 이자, 배당금, 복권 당첨 같은 것들이 모두 불로소득이다. 과거 재테크에 관심을 가지기 전, 내 머릿속에 '불로소득'이란 단어를 떠올렸을 때, 이는 꽤나 부정적이었다. 어쩌면 편안하게 아무것도 하지 않고 벌어들인 소득에 대해 배가 아팠을 수도 있다.

결혼을 하고 난 후 나의 삶은 많은 부분에서 변화를 겪게 되었다. 아이를 낳고 나니 해야 할 것들은 더욱 많아졌다. 아이들을 위한 좋은 환경의 집도 마련해야 했고, 아이들을 키우기 위한 교육비, 생활비도 많이 필요하였고, 노후를 위한 준비도 해야 했다. 나의 월급은 턱없이 부족했고 월급만 모아서는 답이 나오지 않는다는 사실을 알았다. 산술적으로 계산해 보니 월급만 모아서는 내가 원하는 삶을 도저히 살 수 없었다. 원하는 삶은커녕 번듯한 아파트 한 채 장만하는 것도 쉽지 않아 보였다. 내면에서 노동소득 외의 불로소득을 원하는 간절한 목소리가 들려왔다. 아주 애절하게 말이다.

그 이후 나는 부와 재테크에 관한 많은 책들을 읽었고, 출·퇴근 시간을 활용해 오디오북이나 경제방송을 들었으며, 주말에 현장으로 임장을 가기도 하였다. 이렇게 재테크 공부를 해보니 느낀 점은 '불로소득은 결코 공짜로 얻어지지 않는다.'는 사실이었다. 불로소득을 위해선 다른 사람들이 여가 시간을 보낼 때 공부를 하는 의지가 필요했고, 남들이 두려워할 때 과감히 결정할 수 있는 용기도 필요했다.

얼마 전 직장 동료가 오더니 "복권 당첨이나 됐으면 좋겠다"라고 말하였다. 어쩌면 복권 당첨과 같은 불로소득은 우리 마음 속에 희망 같은 것일지도 모른다. 그렇다면 과연 복권에 당첨될 확률은 얼마나 될지 궁금했다. 검색을 해보니 로또 1등에 당첨될 확률은 무려 1/8,145,060이라고 한다. 이 어마어마한 확률에 당첨되기 위해서 무엇을 해야 할까? 당연히 로또를 사러 복권방에 가는 노력이라도 해야 한다. 하지만 로또 당첨은 확률이 굉장히 낮으니 너무 먼 이야기인 것 같다. 현실적으로 달성 가능한 목표를 세우고 이를 위한 노력을 해보자. 과연 얼마 정도면 만족하게 될 수 있을지 생각해보았다. 사람마다 원하는 목표금액이 다르겠지만 이 책에서는 30억이란 금액을 목표로 설정했다.

이 목표 달성을 위해 주말 2~3시간 만이라도 시간을 내보자. 그렇게 투자한 시간으로 얻은 불로소득은 직장에서 온종일 일하며 번 월급보다 더 많은 소득을 벌어줄 것이다. 직장에서 받는 월급은 내가 노력하는 만큼 보상을 해주지 않는다. 하지만 불로소득은 다행히 내가 노력한 만큼 소득을 가져다줄 것이다. 또한, 시간이 갈수록 복리 그래프를 그리며 당신의 자산을 두둑이 불려줄 것이다.

명심하라. 퇴직 전 30억 만들기를 할 수 있느냐, 아니냐는 당신의 선택에 달려 있다. 시작도 하기 전에 스스로 한계를 긋지 말기 바란다. 부디 이 책을 읽고 계신 많은 분들이 자산소득을 통해 여유롭고 풍요로운 노후를 맞이하게 되길 바란다.

홍주하

차 례

2부. 불로소득의 최적 루트를 찾아라

3장 나의 선택이 내 미래자산을 좌우한다

4장 사회초년기, 첫 월급으로 자산 포트폴리오 구성하기

5장 신혼 부부, 내 집 마련 최적 루트

6장 4050, 든든한 노후를 위한 준비

3부. 퇴직 전 30억 만들기 프로젝트

7장 직장인이라 좋은 점 활용하기

8장 시간이 부족해도 시장 수익률을 이기는 투자는 할 수 있다

9장 이제는 세테크의 시대, 부동산 세금 반드시 확인하자

10장 10년 후 당신의 자산을 10배 불려줄 마법의 투자전략 : 부동산편

11장 10년 후 당신의 자산을 10배 불려줄 마법의 투자전략 : 주식편

12장 내 자산 상태 점검으로 세우는 미래 전략

1부. 우리는 왜 불로소득을 꿈꾸는가?

1장

월급만으로는 미래가 없다

자본주의 현실, 물가는 계속 오른다

운동회가 끝나던 날 온 가족이 먹던 짜장면 가격이 기억나는가? 30년 전만 해도 1,000원만 있으면 짜장면 한 그릇을 배부르게 먹을 수 있었다. 하지만 이제는 8천 원은 줘야 짜장면 한 그릇을 사 먹을 수 있다. 심지어 점심시간에 먹을 한끼 식사가 만원이 넘어가는 경우가 허다하다. 이처럼 우리는 어느덧 고물가 시대에 살고 있다.

	**밀가루 1kg** ▷ 2018 : 1,280원 ▷ 2023 : 1,880원 2018 대비 변동률(%) ▲46.9		**양파 2kg** ▷ 2018 : 2,250원 ▷ 2023 : 6,000원 2018 대비 변동률(%) ▲166.7

	**돼지고기 600g** ▷ 2018 : 10,000원 ▷ 2023 : 13,000원 2018 대비 변동률(%) ▲30		**춘장** ▷ 2018 : 26,000원 ▷ 2023 : 34,500원 2018 대비 변동률(%) ▲32.7

짜장면 한 그릇에 들어가는 원재료 가격 변동 〈출처 : 한국물가정보〉

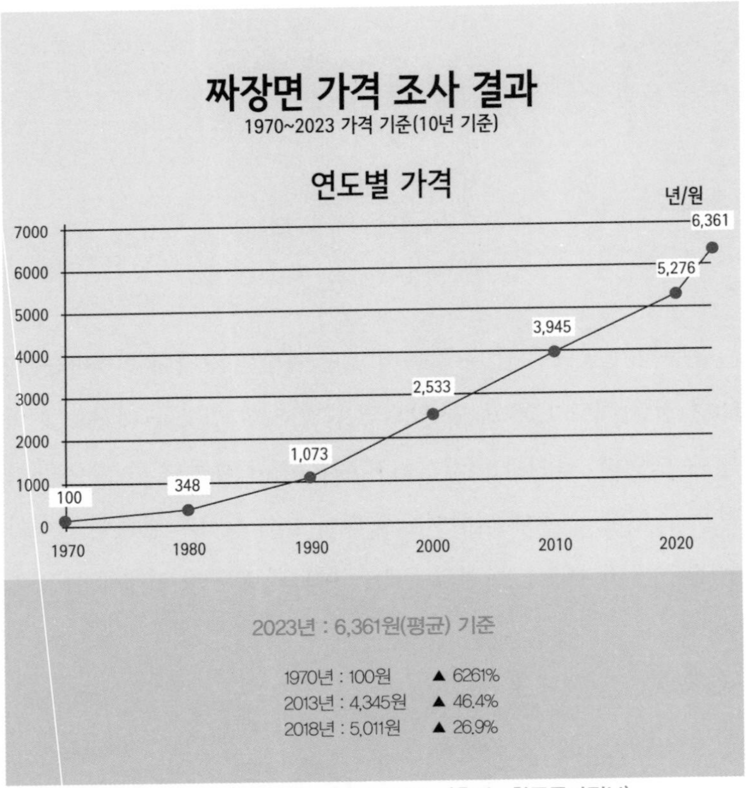

짜장면 가격 조사 결과 연도별 그래프 〈출처 : 한국물가정보〉

하지만 월급의 현실은 어떠한가? 안타깝게도 예나 지금이나 월급은 늘 넉넉치가 않다. 장바구니 물가가 엄청나게 치솟고 있는 요즘에는 더욱 그러하다. 물가가 올라가는 것이 눈에 보일 정도이니 말이다.

이것이 자본주의의 현실이다. 코로나로 인해 엄청나게 많이 풀린 돈으로 인해 과거에 야금야금 올라가던 물가상승이 최근에는 피부로 느껴지게 될 만큼 급격히 올라가고 있는 것을 눈앞에서 보고 있는 것이다. 과자 봉지는 눈에 띄게 작아졌고 제품 무게는 가벼워지고 있다. 기업에서는 가격을 한 번에 많이 올릴 수 없으니 내용물의 양을 줄이고 있었던 것이다.

기업도 밀가루, 우유, 계란 등 원재료 값이 계속 올라가니 어쩔 수 없는 선택일 터이다. 원재료 가격이 오른다고 무작정 제품 가격을 올리자니 소비자가 외면할 것이 걱정되어 과자 봉지의 크기를 살짝 줄이고 과자 양을 줄이는 꼼수를 부리는 것이다. 어쩐지 마트에서 장을 봐도 오래가지 않는다. 그놈의 인플레이션…. 얇아져가는 지갑…. 이것이 우리가 처한 현실이며 앞으로도 피할 수 없는 현실이다.

최근 코로나 시기 더 많이 풀린 돈으로 인해 인플레이션은 더욱 가속화되었다. 그리고 이에 대응하기 위해 금리 인상이 단행되었다. 급격한 인플레이션을 정책적으로 막지 않으면 더 심각한 경제

타격이 예상되었기 때문이다. 금리 인상 이후 2015년부터 상승세를 타며 끝없이 오를 것 같던 집값이 2022년 금리 인상을 단행한 이후 고점을 찍고 하락세를 보였다. 2022년, 2023년도는 부동산 암흑기였다. 거래는 실종되었고 전 고점 대비 40%까지 빠진 단지들도 보였다. 언제 고점을 찍었냐는 듯이 다시 2018년, 2019년도 가격으로 돌아가는 듯했다.

부동산 시장만 보고 있으면 인플레이션이 잠잠해진 것 같다. 하지만 정말 그럴까? 2024년 봄부터 서울 중심부의 주택시장을 중심으로 다시 주택가격이 꿈틀대고 있다. 강남 3구를 중심으로 신고가를 찍은 단지들도 나오고 있다. 하락장은 고작 2년에 불과했는데 이게 무슨 일인지 아이러니할 것이다.

안타깝게도 시중에 돌아다니는 통화량은 줄어들지 않았다. 소득이 크게 늘지 않은 직장인 입장에서는 전 고점 대비 40% 이상 떨어졌던 시기마저도 집을 사기에는 부담스러운 것이 사실이다. 내가 사고 싶은 집 가격은 과거도 현재도 비싸게 느껴진다. 열심히 돈을 모으는 동안만이라도 가격이 좁혀지길 기대해보지만 현실은 그렇지 않다. 시간이 갈수록 가격이 좁혀지기는커녕 자산 가격은 양극화가 되어 가고 있다.

최근 거래된 압구정 현대 115억 거래는 지금의 현실을 잘 설명해준다. 강남에서 거래된 80억, 115억 하는 실거래가가 단순

그들만의 거래라고 치부하기에는 의미하는 바가 매우 크다. 점점 더 자산가격은 올라가고 가진 자들이 더욱 부자가 되는 세상이 도래하고 있다. 자산 시장은 중심부부터 더 먼 곳으로 서서히 퍼져나가는 특징을 가지고 있다. 마치 개울가에 돌을 던지면 중심부에서 서서히 동그라미가 커지듯 말이다.

강남 3구에서 움직이는 고가의 거래들을 보며 '그건 나랑 상관없는 이야기고, 그들만의 이야기야'라고 생각하고 말 것인가? 아니면 형편에 맞는 작은 자산이라도 취득해서 이 인플레이션 장에 올라탈 것인가? 선택은 자신의 몫이다. 마트에서 장을 보면서 피부로 느껴지는 인플레이션을 경험하면서도 '나는 모르겠다. 집값은 앞으로 많이 떨어질 거야'라고 위안만 하고 있을 때가 아니다.

단기적으로 집값이 오를지 떨어질지는 오랫동안 그 분야를 연구하던 전문가도 100% 맞출 수 없을지 모른다. 하지만 "앞으로 물가는 계속 오를 것인가 아니면 내려갈 것인가?"하고 질문한다면 대부분의 사람들이 물가가 오른다고 예상할 것이다. 대부분의 사람들이 바라고 꿈꾸는 세상은 과거처럼 천 원으로 짜장면을 사먹을 수 있는 세상이지만 다시 그런 시절은 돌아오지 않을 것이다. 이것이 우리가 눈 앞에서 보고 있는 자본주의의 현실이다.

자본주의 사회는 인플레이션과 필연적인 관계이다. 은행이 탄생하게 된 배경만 보아도 돈을 빌려주기 위해 돈을 찍어내는 기관이라는 것을 알 수 있다. 자본주의 사회는 돈을 찍어내면서 계속해서 발전해왔다. 돈 풀기 정책은 코로나 시기에 더욱 눈에 띄게 두드러졌다. 정부는 경기를 활성화시키기 위해 돈을 찍어냈다. 그리고 돈은 지금도 계속 풀리고 있으며, 자본주의 사회가 존재하는 한 이 현상을 부정하기는 힘들다.

과연 시중에는 돈이 풀리고 있고 원자재 가격이 폭등하고 있는데 물가는 오르지 않는다고 예단할 수 있을까?

과연 단기적인 금리상승 정책만으로 자산가격의 상승을 막을 수 있을까?

우리는 현실을 직시해야 한다. 폭락론자들의 말만 굳게 믿으며 노동 소득만 믿고 은행에 저축만 하기에는 리스크가 너무 크지 않은지 말이다.

시간이 갈수록 떨어지는 노동의 가치

시장에 가서 장을 보면 물가가 정말 많이 올랐구나 하면서 인플레이션을 피부로 느끼게 된다. 과거에 마트에서 10만 원 어치 물건을 담으면 카트에 가득했지만, 지금은 반도 담지 않았는데 10만 원이란다. 카트에 한가득 실은 사람들의 모습이 줄어들고 있다. 사람들은 오른 물가에 더욱더 허리띠를 졸라매느라 물건을 살 때마다 가격을 한참 살피고 심사숙고해서 구입을 하게 되었다. 이런 현실은 2020년 이후 소비자물가지수는 가파르게 상승한 반면, 임금 상승률은 기대에 못 미치기 때문에 나타난 현상으로 보인다.

최근 통계청 조사에 따르면, 2022년 기준 근로자의 월평균 소득은 353만 원이며, 중위소득은 267만 원으로 조사가 되었다. 또한 월평균 소득이 150만~250만 원 미만인 근로자는 전체의 24.1%로 가장 많다. 하지만 한국노총에서 발표한 2023년 가구규모별 표준 생계비 자료에 따르면 4인 가족 기준 표준 생계비는 600만 원 정도 필요하다고 한다. 한 사람이 버는 소득에 비해 실제로 필요한 생활비는 훨씬 큰 것이다. 4인 가족이라면 맞벌이가 아니면 기본 생활을 하는 것이 힘들다는 결론이 나온다.

이 통계자료를 보니 맞벌이를 해도 왜 급여가 늘 부족하게 느껴졌는지 그 이유를 알 것만 같다. 이렇게 우리는 인플레이션으로 인한 노동가치 하락을 몸소 느끼고 있다. 매년 올라가는 급여 상승률에 비해 인플레이션은 더 높아졌고 그 차이가 시간이 갈수록 더욱 더 벌어졌다.

그렇다면 앞으로는 좀 나아질까? 슬프게도 아무리 경제 상황을 살펴보아도 더 나아질거라는 희망이 보이지 않는다.

4차 산업혁명이 시작되었다. 전 세계는 AI로 인한 인간의 노동에 대한 논의가 시작되었고 미래에는 인간의 일자리의 상당 부분이 AI로 인하여 사라지게 될 가능성이 높다. 시대적 흐름에 따라 학계에서는 기본소득 논의도 활발해지고 있다. 기본소득이라는 전제는 인간의 노동 가치 상실을 의미한다.

과거 고속도로에는 고속도로 통행료를 징수하는 안내원이 있었다. 마트에 가면 각 계산대마다 직원들이 일일이 계산을 해주었다. 이제는 고속도로에서 안내원을 볼 수 없게 되었고 마트에서도 키오스크가 마트 계산원을 대신하고 있다. 식당을 가도 마찬가지다. 카운터에 앉아 있던 직원은 보이지 않고 고객들은 키오스크로 직접 주문을 해야 한다. 동네 상가를 살펴보아도 무인 아이스크림점, 무인 커피숍, 무인 라면·떡볶이점 등 사람이 없는 가게를 이제는 흔히 볼 수 있다. 앞으로 미래에는 무인가게가 대세를 이루어 가게 안에서 주인 노릇을 하는 사람을 찾아보기 힘들어질지도 모른다는 생각마저 든다. 그리고 이제는 이 무인가게가 익숙해져서 가게에서 주인을 만나는 것이 불편해질지도 모른다.

사람들이 하던 일들은 이렇게 기계로 대체되어 가고 있다. 이러한 현상은 부지불식간에 사회 전반에 스며들고 있다. 자영업자들의 이야기를 들어보면 원재료 가격이 크게 올라 힘든 상황에 최저인건비 상승으로 인건비 역시 큰 부담으로 작용한다고 한다. 몇 백만원의 기계를 사서 매달 들어가는 인건비를 줄일 수 있다면 당장이라도 기계를 도입하고자 하는 사장님들이 훨씬 많을 것이다.

사무실에서도 자동화는 계속해서 이루어지고 있다. 로보틱 프로세스 자동화(RPA)는 사무실에서 일상적이고 반복적인 작업을 줄이도록 도와준다. RPA 도구를 사용하면 이메일 계정을 검색하고 관련 데이터를 추출해서 보고서를 작성하는 등의 일을 자동화해줌으로써 인간은 더 가치있는 일을 하도록 도와준다. 거꾸로 말하면 단순 반복적인 일은 AI가 하게 되고 인간은 가치있는 일만 하면 되기 때문에 과거만큼의 인력은 필요하지 않게 된다.

얼마 전 신의 직장이라고 불리는 미국의 구글사에서 1만 5,000

명을 해고했다는 기사가 화제였다. 최근 구글사뿐 아니라 실리콘밸리 글로벌 빅테크 기업들에서는 대규모 인력 구조조정이 이루어지고 있다. 시대의 변화에 따라 변화와 혁신을 하지 않으면 살아남기 힘들다는 기업들의 몸부림이다.

2017년 서울대학교 유기윤 교수팀의 〈미래의 도시에서 시민들이 어떻게 살아갈 것인가?〉라는 제목의 보고서에서 2090년의 한국 사회는 인공지능 로봇이 대부분의 직업을 대체한 결과 한국인의 99.997%가 프레카리아트가 된다고 하였다. 여기에서 프레카리아트란 '불안정한'이라는 뜻의 이탈리아어 '프레카리오(precario)'와 '노동계급'을 뜻하는 독일어 '프롤레타리아트(proletariat)'의 합성어이다.

이처럼 일자리의 개편은 우리의 노동의 가치를 더욱 떨어트리고, 이로 인해 많은 사람들이 먹고 사는 문제를 걱정해야 하는 처지가 될 가능성이 높다. 기업은 이윤을 추구하는 존재이다. 노동자를 대신해 훨씬 저렴한 비용으로 AI가 더 효율적으로 일을 잘 한다면 굳이 노동자를 고용하지 않을 것이다.

우리는 인플레이션으로 인하여 떨어지는 노동 가치를 고민함과 동시에 인간이 그동안 해왔던 일들을 AI에게 빼앗길 수 있다는 위협을 받고 있다. 이러한 시대적 고민 속에서 '우리는 어떻게 살아남아야 할 것인가'를 고민해 봐야 한다. 이제 직장에서 받는 월급만 바라보면서 아무 생각 없이 살면 안 되는 시대이다.

단순히 월급은 덜 오르고 물가는 많이 올랐기 때문에 "월급만 바라보지 말고 재테크도 해야만 한다"라는 말을 하는 게 아니다. 이제 우리는 4차 산업혁명 시대에 내 일자리가 어느 순간 없어질지도 모른다는 절박한 심정으로 미래를 준비해야 한다. 우리가 준비해야 할 불로소득은 어느 순간 노동의 가치가 완전히 사라져버릴 극단적인 상황에서도 우리를 안전하게 보호해 줄 것이기 때문이다.

인공지능의 도입은 이제 시작 단계이다. 아직은 우리가 피부로 크게 느낄 만큼은 아닐 것이다. 하지만 시대의 흐름은 점점 가속도가 붙어 빨라질 것이다. 우리는 인플레이션과 4차 산업혁명으로 인하여 떨어지는 노동 가치를 자산 가치의 상승으로 헤지(hedge)해야만 한다. 우량한 부동산과 주식 등 자산들은 낮아져가는 노동 가치로부터 우리를 보호해 줄 것이며, 우리의 삶을 안정적으로 영위할 수 있도록 도와줄 것이다.

나는 열심히 걷고 있지만 다른 사람들은 뛰고 있다면

김 차장의 일상

오늘 하루도 김 차장은 일터에서 하루 종일 열심히 일하고 집에 왔다. 하루 종일 집중해서 일을 했기에 녹초가 된 김 차장은 습관처럼 거실 소파에 앉아 텔레비전을 켠다. 좋아하는 예능 프로를 보며 한참을 웃다 보니 벌써 자야할 시간이다. '자야지'하다가 우연히 본 쇼츠 영상이 재미있어서 넘기면서 보다 보니 잘 시간도 훌쩍 지나간다. 다음 날 아침 출근 시간에 늦지 않기 위해 부랴부랴 일어나서 준비하고 집을 나선다.

김 차장은 일주일에 두세 번은 직장 회식이나 지인들과의 약속으로 바쁜 일상을 보내고 있다. 주말에는 가족과의 여행으로 평일에 못해준 미안함을 대신한다. 주말에 못다한 취미생활도 하느라 하루하루가 빠르게 지나가는 것 같다.

그러던 어느 날 전세 만기가 되어 집 주인이 집을 매매한다고 만기가 되면 이사를 나가줘야 한다고 했다. 부랴부랴 이사 갈 전셋집을 알아보았지만 이사 시즌이라 그런지 전세 가격은 오르고 매물도 부족한 상황이다. 이 참에 마음 편히 살 집을 알아보려고 매매를 알아보았지만 매매가격도 2년 전에 비해 3억이나 올랐다. 3억을 모으려면 몇 년이 더 걸릴지 계산해 보니 한숨만 나온다. 왜 2년 전에 집을 사지 않았는지 후회도 해본다. 하지만 시간을 되돌릴 순 없다. 집을 알아보는 과정에서 아내는 왜 2년 전 매수를 하자는 자신의 말을 듣지 않았냐며 화를 냈다. 결국 부부싸움을 하고 만다. 사랑하는 아내와 다투고 나니 마음이 불편하다. 그동안 회사를 열심히 다니면서 사치도 하지 않고 저축도 열심히 했는데 도대체 난 무엇을 잘못한 것일까? 이런저런 생각에 잠이 오지 않는다.

신 과장의 일상

신 과장은 매일 새벽 5시에 일어나 경제 신문을 보고 책을 읽는다. 그리고 가볍게 운동을 한 후 출근 준비를 한다. 출근하는 차 안에서 오디오북과 경제 상황을 알려주는 뉴스를 들으며 하루를 시작한다. 업무 시간에는 최선을 다해서 일을 한다. 퇴근 후 집에 와서 가족과 함께 식사를 한 후 미국 주식에 대한 시황을 체크해 보고 부동산 어플을 살펴보며 투자 공부를 한다.

이번 주말에는 평일에 보러 가지 못했던 현장 매물을 보러 가려고 부동산 사장님과 약속을 잡았다. 겸사겸사 인근에 있는 관광지도 들를 예정이다. 아이들과 여행 겸 임장을 하는 것은 아이들에게 자연스럽게 경제 공부를 시켜주는 것 같아 뿌듯하다. 그렇게 매일 재테크 공부를 하다보니 경제와 부동산을 보는 감각이 생겼다. 예전에는 전세를 살았지만 저축한 돈으로 분양을 받아 차곡차곡 대출금을 갚은 덕에 지금은 좋은 학군지에 뷰가 좋은 아파트에서 살고 있다. 많지는 않지만 오래된 상가에서 매달 나오는 월세도 생활을 여유롭게 해준다. 노후를 위해 5년 전부터 매달 적립했던 주식 수익률도 만족스럽다.

김 차장과 신 과장의 모습은 우리가 주변에서 흔히 볼 수 있는 모습이다. 아니 어쩌면 대부분이 김 차장과 같은 일상을 보내고 있을지 모른다. 이 책을 읽고 있는 여러분의 일상은 어떠한가? 두 사람 모두 다 일터에서 최선을 다하며 일을 하고 있지만 퇴근 후와 주말의 일상은 다른 모습이다. 시간이 흘러 매일의 일상이 누적되면 두 사람의 미래는 어떻게 변화될까? 모든 것은 당신 선택에 달려있다. 지금 현재의 모습도 과거의 작은 선택들의 결과이니까 말이다.

루이스 캐럴의 동화 《이상한 나라의 앨리스》 속편인 《거울나라의 앨리스》에는 앨리스가 붉은 여왕과 함께 나무 아래에서 계속 달리는 장면이 나온다.

> 앨리스가 숨을 헐떡이며 붉은 여왕에게 묻는다.

"계속 뛰는데, 왜 나무를 벗어나지 못하나요? 내가 살던 나라에서는 이렇게 달리면 벌써 멀리 갔을 텐데"

붉은 여왕은 답한다.

"여기서는 힘껏 달려야 제자리야. 나무를 벗어나려면 지금보다 두 배는 더 빨리 달려야 해."

거울 나라는 한 사물이 움직이면 다른 사물도 그만큼의 속도로 따라 움직이는 특이한 나라였다.

현재 우리가 살고 있는 곳을 거울 나라라고 가정해보자. 월급을 아무리 열심히 저축해보지만 인플레이션으로 인한 아파트 값이 올라가는 것을 따라잡기가 힘들다. 이것이 현실이다. 그렇기 때문에 우리가 자본주의 사회에서 남들보다 부자가 되려면 남들보다 더 돈에 대한 공부를 해야만 부를 이룰 수 있는 것이다.

남들처럼 걷기만 한다면 매일 제자리에 있을 수밖에 없다. 내가 가지고 싶은 것은 남들도 가지고 싶은 법이다. 공급에 비해 수요가 많을수록 가격은 올라가고 수요보다 공급이 많으면 가격이 내려가는 것이 경제의 기본 원리이다. 더 좋은 아파트에 이사가고 싶은가? 남들도 그렇게 생각한다. 그렇다면 우리가 선택해야 하는 것은 무엇일까? 부자가 되고 싶다면 남들과 똑같은 생활방식으로는 내가 원하는 것을 가질 수 없다.

부자가 되고 싶다면 남들 여행 유튜브 볼 때 경제 유튜브를 봐야 하고 남들 취미 생활을 할 때 임장 여행을 떠나야 할 것이다. 그 어떤 것도 공짜로 얻어지는 것은 없다. 노동으로 인한 소득만 진짜라고 믿는 허상에서 벗어나라. 그것이 당신이 부자의 길로 가는 첫 번째 관문이다.

> 사람들이 돈을 벌기 위해 투자하는 이유는 근본적으로 다음 세 가지 때문이다.
>
> **1. 안정　　2. 편안함　　3. 부자가 되는 것**
>
> 이 세 가지는 모두 중요하다. 하지만 그 중 무엇에 우선순위를 두느냐에 따라 사람의 인생이 달라지지. 부자 아버지는 대부분의 사람들은 위에서 언급한 것과 똑같은 순서대로 돈에 관한 선택을 한다고 말했다. 그들은 안정적인 일자리나 직업을 가진 후에야 편안함에 초점을 맞춘다. 그리고 부자가 되는 것은 대부분 마지막 선택 사항이다.
>
> – 로버트 기요사키, 《부자 아빠의 투자 가이드》 중에서 –

당신의 선택은 셋 중에 무엇인가? 셋 중에 부자를 선택하는 사람은 단 10퍼센트에 지나지 않는다고 한다. 90퍼센트의 사람들이 부자가 되기보다 편안함과 안정을 선택한다고 한다. 이 책을 읽고 있는 여러분은 10퍼센트의 부자가 되는 것을 선택한 사람들이라 생각한다. 부자가 되고 싶다면 당신은 직장인임과 동시에 투자자의 길로 들어서야만 한다. 월급만 아끼고 저축해서는 부자의 길은 요원할 뿐이다.

2장

자본주의 사회, 불로소득이 필요하다

자본주의 사회의 이해, 불로소득이란?

강남 아파트가 평당 33만원?

1977년 6월 서울 압구정동에서는 영동 한양1차 936가구의 분양이 시작됐다. 이곳의 서쪽에는 이미 75년부터 현대아파트 단지가 연속 사업으로 조성 중에 있었다. 한양1차는 한양주택이 이 지역에 둥지를 틀기 위한 첫 번째 사업임을 감안해 평형도 19~51평에 11개 유형으로 다양화하면서 중소형 비중을 높였다. 분양가격은 32평과 전용면적 85㎡(25.7평)를 초과하는 37평형이 모두 복도식 설계에 평당 33만 원씩이었다.

– 《주택시장 30년》 중에서 –

나는 놀라지 않을 수 없었다. 최근 강남 신축 아파트의 평당 가격은 1억을 넘어서고 있다. 그런데 47년 전 압구정 한양아파트는 평당 33만원이었다니 충격적이었다. 평당 가격을 국민평형 기준으로 환산하여 보면 47년 전 강남 압구정동 아파트 32평을 천만 원대 초반의 금액이면 살 수 있었던 것이다. 나에게 타임머신이 있다면 당장이라도 과거로 돌아가서 어떻게 해서라도 압구정 한양아파트를 샀으리라.

압구정 한양아파트의 최근 거래된 가격을 살펴보니 평당 1억천만 원이 넘어서고 있었다. 47년 동안 무려 333배나 오른 것이다. 아마도 그때 분양받아서 지금까지 계속 살고 있는 사람도 있을 것이다. 그곳에서 주변 좋은 환경을 누리면서 편하게 살다가 시간이 지나고 보니 부자가 되어 있었던 것이다. 앞으로 이 아파트는 재건축이 진행되어 새 아파트로 탈바꿈될 예정이다. 미래에는 여기서 얼마나 더 오를지는 아무도 알 수 없다.

부동산 가격은 상승과 하락을 반복하였지만 꾸준히 우상향하였다. 그리고 사람들은 자본주의 사회에서 현금을 가지고 있으면 안 된다는 것을 깨닫게 되었다. 한편에서는 부동산 가격 상승으로 혜택을 받은 이들은 노동으로 번 소득이 아닌, 가만히 편하게 벌었다는 의미에서 '불로소득'으로 불리며 공격을 받기도 하였다.

단기간 급격한 상승으로 상대적 박탈감을 느끼게 된 서민들은 내 집 하나 마련하지 못할까 봐 불안감을 느꼈다. 일 년 동안 열심히 노동을 통해 돈을 벌어도 몇천만 원 모으기가 힘든데 몇 달 사이 몇억이 오르는 것을 보고 있노라면 일할 의욕마저 꺾이는 것은 어쩔 수 없는 것이 사람 마음이다. 하지만 자본주의 사회에서 불로소득을 부정적으로만 생각하고 외면해버리기엔 현실 또한 녹록치 않다.

여기서 불로소득에 대해 짚고 넘어가야 할 것 같다. 많은 사람들의 머릿속에 부정적으로 뿌리박힌 불로소득이란 것에 대해서 말이다. '불로소득'의 사전적 의미를 살펴보면 본인의 생산활동 없이 타인의 생산활동이나 경제적 환경의 변화로 이익을 얻는 것을 말한다. 복권 당첨금, 부동산이나 주식 매매차익, 이자소득, 금수저들이 상속이나 증여로 얻는 자산 등이 불로소득의 대표적인 예이다.

세계적인 투자자 워런 버핏은 저평가된 주식을 오랜 기간 가지고 있으면서 주식 가치 증가로 인하여 부자가 되었다. 맥도날드의 레이 크록은 가격이 오를 만한 곳에 부동산을 사고 가게를 오픈해서 현재 세계에서 가장 많은 부동산을 가진 부동산 회사의 소유주가 되었다. 실제로 맥도날드의 프랜차이즈 수익 구조를 보면 로열티 수입보다 임대료 수입이 약 2배 가량 많으며 세계 곳곳의 주요 상권에 좋은 땅을 많이 가지고 있다. 유명한 세계적인 기업가들은 부를 이루는 방법을 알고 있었기에 사업소득 이외에도 엄청난 불로소득를 이루게 된 것이다.

하지만 우리 사회는 그간 불로소득으로 인하여 부를 이룬 사람에 대해 어떤 시선으로 바라보았을까? 사람들의 심리적 기저에는 부자들에 대한 곱지 않은 시선, 즉 '르상티망(ressentiment)'이 존재하였다. 내가 가지지 못한 것에 대해 질투하는 것은 우리 속담에서도 잘 알 수 있다. "사촌이 땅을 사면 배가 아프다"라는 말은 지인이 갑자기 복권에 당첨되었거나 부동산으로 집값이 큰 폭으로 올랐을 때 속이 쓰린 솔직한 감정을 잘 표현해 준다. 이런 경험을 누구나 한 번쯤은 해보았을 것이다.

참 아이러니한 사실은 다른 사람이 투자를 해서 돈을 벌었다는 이야기를 들으면 배가 아프고 깎아내리고 싶은 감정이 들다가도 '나도 복권에 당첨되었으면 좋겠어', 또는 '나도 건물주가 되었으면 좋겠어'라고 바라는 것이 우리네 솔직한 심정이라는 것이다.

불로소득은 부의 불평등을 더욱 심화시킨다는 부분에서는 부정적인 의견도 많다. 하지만 자본주의 사회에서 과연 불로소득을 인정하지 않을 수 있을까. 우리는 부를 이루기 위해서는 노동만으로는 한계가 있다는 것을 인식해야 한다. 월급을 한 푼도 안 쓰고 다 모아도 집값 상승분을 이길 수 있을까? 이 질문에 누가 대답을 해주었으면 좋겠다. 월급을 다 모으기도 힘들지만 월급을 다 모은다고 해도 원하는 아파트를 대출 없이 사는 것은 현실적으로 쉽지 않다.

대부분의 사람들이 부자들을 증오하면서 불로소득을 부정하고 외면하는 이 시간 동안에도 한켠에는 재테크를 공부하면서 실행하고 있는 사람들이 있다. 급격해진 인플레이션 상황으로 인해 앞으로 자산을 가진 자와 그렇지 못한 자와의 자산 격차는 더욱 벌어질 것이다. 물론 사업으로 큰 돈을 번다면 재테크로 인한 불로소득에 연연해할 필요가 없다. 하지만 대다수의 사람들은 그렇지 못한 것이 현실이다. 지금과 같은 쳇바퀴에서 벗어나고 싶다면 불로소득을 고민해보자.

불로소득은 쉽게 얻어질까? 재테크를 한 번도 해보지 않은 사람은 다른 사람이 부동산으로 돈을 벌었다고 하면 쉽게 돈을 번 것 같은 생각이 들지도 모른다. 하지만 아마도 재테크에 관심을 가지고 도전해보았던 사람들은 불로소득이 쉽지 않다는 것을 금방 알게 될 것이다.

부동산이나 주식으로 돈을 벌기 위해서는 남들보다 더 많이 공부하고 더 많은 현장을 봐야 하며 때로는 위험을 무릅쓰고 투자를 해야 한다. 대다수 부동산이나 주식으로 돈을 번 사람들은 아무도 시장에 참여하지 않을 때 용기있게 시장에 참여한 사람들이다. 투자에 대한 위험과 책임은 오롯이 투자자의 몫이다. 부동산에는 상승장도 있지만 하락장도 있기 때문이다. 하락장의 고통도 겪어본 사람만이 알 것이다. 부동산 상승장에서는 큰 부를 축적하겠지만 부동산 하락장에서 역전세가 발생되면 다주택자들은 하우스푸어가 되어 큰 고통을 받는다. 결국 불로소득은 아무 노력도 하지 않고 얻을 수 있는 공짜소득이 아니다. 하지만 자본주의 사회를 살아간다면 관심을 가져야만 하는 필수 소득이 바로 불로소득이라는 것을 외면하지 말자.

"내가 세상을 바라보는 관점에 따라 많은 것들이 달라진다. 불로소득을 부정적으로 보는 관점을 가진 자는 불로소득으로부터 멀어질 것이며, 불로소득을 인정하고 얻고자 노력하는 자는 불로소득을 얻게 될 것이다."

오래 살아야 하는 미래, 우리가 가야 할 길은?

100세 시대? 아니 이제는 120세 시대이다!

얼마 전 《1% 도전의 행복 챌린지》의 저자이신 72세의 이은진 저자님의 특강이 있었다. 그녀는 60세에 카약을 타기 시작하여 70세가 넘은 현재까지 620번 물에 빠지는 것을 견뎌내었다. 그리고 현재는 선수용 카약을 타는 사람이 되었다. 또한 70이 넘는 나이에 책 쓰기에 도전하면서 컴퓨터를 배웠고 작가의 삶을 살고 있다.

그야말로 요즘 흔히 말하는 슈퍼에이지를 눈 앞에서 보는 느낌이었다. 이제 환갑잔치를 하면 떠올렸던 나이 든 60대는 사라졌다. 환갑잔치나 칠순잔치를 하면서 이웃들을 초대하는 집들도 많이 사라지고 있다. 이제 평균 수명의 연장으로 노년기의 기준이 달라졌으며, 그들은 과감히 새로운 것들에 도전하며 슈퍼에이지의 탄생을 알리고 있다.

우리의 미래는 어떨까? 앞으로 의학기술은 계속적으로 발전하여 인간의 수명은 지금보다도 훨씬 늘어날 것이다. 바로 초고령 사회가 다가오고 있는 것이다. 아래의 기사를 읽어보자.

우리나라 통계청의 미래 인구 예상 추계에 따르면, 65세 이상 노령자는 2060년에는 1,400만 명, 2070년에는 1,737만 명으로 증가할 것으로 보인다. 그런데 전체 인구수는 2060년에는 4,262만 명으로 줄고 2070년에는 3,766만 명으로 거의 반 토막이 날 전망이다. 한국경제연구원은 30년 후에는 생산가능 인구는 절반으로 감소하고 노년부양비용은 4.5배 증가할 것으로 예측한다. 몇년 전 영화 '명량'이 동원한 관객이 1,750만 명인데, 30년 후가 되면 생산가능 인구가 이 정도 숫자가 되고 비슷한 수의 노령층을 먹여 살려야 한다는 것이다.

– 출처 : 《인천일보》 2024.02.21.

생산가능 인구는 줄어들고 노인 인구는 늘어나는 현상이 우리가 곧 맞이할 미래이다. 우리는 이제 더 이상 직장에서 정한 60세라는 정년에 연연하지 말아야 한다. 국민연금과 공무원연금은 우리의 노후를 보장해주지 못한 지 오래되었다. 이제는 오래 사는 것을 전제로 노후를 준비해야만 한다. 이것은 생존을 위한 필수적인 선택이다.

한국의 노인 빈곤율이 경제협력개발기구(OECD) 1위를 기록했다.

특히 76세 이상은 52.0%로 2명 중 1명 이상이 빈곤층에 속했다. 특히 한국 노인은 다른 국가보다 고용률이 높은데도 가처분소득이 낮았다. 작년 기준 한국의 65~69세 고용률은 50.4%로, OECD 회원국 중 일본(50.9%)에 이어 두 번째로 높았다. 해당 연령대의 OECD 평균 고용률은 24.7%였다. 하지만 한국 노인 인구 가처분소득은 전체 인구 평균 가처분소득의 68.0%로 OECD 회원국 중 가장 낮았다. OECD 평균은 88.0%다.

— 출처 : 《중앙일보》 2023.12.19.

몇 년 전까지만 해도 세계 10대 경제대국을 자랑하던 대한민국이었다. 하지만 현재 우리나라는 노인 빈곤율 1위, 경제협력개발기구(OECD) 38개 회원국 중 합계출산율이 1.00명에 못 미치는 유일한 국가가 되었다. 가히 충격적인 현실이라 하지 않을 수 없다.

무엇이 우리나라를 이렇게 만들었을까? 난 이것이 돈에 대한 이야기를 터부시하는 우리나라 문화와도 연관이 있다고 생각한다. 그간 우리나라의 학교에서는 노동자만을 양산하는 주입식 교육을 하였고 경제 교육을 도외시하였다. 그 결과 젊은이들은 스펙을 쌓기 위한 처절한 몸부림을 하였지만 녹록치 않은 현실을 맞이하게 된다. 좋은 직장에 들어간다 하더라도 흙수저들의 현실은 냉혹하기만 하다.

우리의 부모 세대는 자녀를 고소득 전문직으로 만들기 위해 또는 좋은 직장에 들여 보내기 위해 힘들게 돈을 벌어 사교육비를 감당하였다. 노후 준비는 뒷전이었다. 이렇게 수십 년간 반복된 결과 부모 세대는 빈곤한 노후를 맞이하였고, 그렇게 힘들게 키운 젊은 사람들은 경제적인 이유로 결혼을 기피하게 되었다. 결혼을 한다 하더라도 아이를 키우는 데 비용이 많이 든다는 것을 알기 때문에 아이를 갖는 것조차 부담스러운 것이 현실이다. 저출산의 속내를 살펴보면 결국 경제적인 문제가 원인인 경우가 많다.

과연 무엇이 우리사회를 이렇게 만들었는가?

최근 아이를 많이 낳지 않아 폐교하는 초등학교가 많이 늘어나고 있다고 한다. 하지만 부촌의 모습은 전혀 다르다. 넘쳐나는 아이들로 유치원은 늘 높은 경쟁률을 기록하고 집 앞에 있는 중학교를 가려면 추첨을 하는 등 경쟁을 치러야만 한다. 경제적으로 여유로운 가정들이 많은 지역에는 아이들이 늘 많기 때문이다.

매슬로우의 5단계 욕구 이론을 살펴보면 첫 번째 단계가 인간의 기초적인 기능을 영위하는 데 필수불가결한 생리적 욕구라고 한다. 어찌 먹고 사는 문제가 해결되지 않는데 그 다음을 생각하겠는가? 누구든 경제적으로 여유가 있으면 결혼도 하고 아이도 낳고 좋은 집에 살고 싶을 것이다. 어쩌다가 평범하게 결혼하고 집을 사고 아이를 낳는 것이 이토록 힘든 일이 되어 버렸는지 안타깝지 않을 수 없다.

부모님이 시킨 대로 공부를 열심히 해서 대학을 가고, 대학 가서 학점관리를 하고, 스펙을 쌓아 좋은 직장에 취업을 하여도 힘들기는 매한가지다. 직장 근처 수도권에 원하는 집을 사기에는 턱없이 부족한 자본이 원망스러울 뿐이다. 이런 혹독한 현실은 짧은 기간 내에 자산을 불려준다는 소문에 귀가 번쩍 뜨이게 한다.

'누가 코인으로 대박 나서 엄청 부자가 되었대', '이번에 ○○주식이 핫하대. 그거 10배로 뛸 수도 있는 호재가 있다던데?', '○○가 이번에 주식 단타해서 돈을 엄청 벌었대' 하는 많은 말들은 마음이 급한 이들을 유혹하기에 충분하다. 사회에 나와서 결혼도 하고 집을 사야 하는데 그들에게 남은 시간은 길지 않기 때문에 장기투자를 하라는 말은 귀에 들리지도 않는 것이다.

하지만 이런 짧은 생각들이야말로 부로 가는 지름길을 걷어차고 있는 행동이라는 것을 깨달아야 한다. 인내를 하지 않고 부자가 된 사람은 많지 않다. 어쩌다가 운이 좋아서 이룬 소수의 이야기가 내 것이 될 것이라는 생각은 하지 말자. 확실하고 탄탄하게 갈 수 있는 길은 분명히 있다. 천천히 가야하는 길이라 답답할 수 있겠지만 직장인으로 살면서도 남부럽지 않은 부자가 될 수 있는 방법은 분명히 존재한다.

정말 불로소득은 노력 없이 얻어지는 것일까?

불로소득은 본인의 생산활동 없이 타인의 생산활동이나 경제적 환경의 변화로 이익을 얻는 것을 말한다. 쉽게 말하면 직장에서 열심히 일을 하고 받는 월급은 노동소득, 자산의 증가로 인해 얻는 이익은 불로소득이다. 사전적인 의미로 보자면 불로소득은 마치 그냥 굴러들어오는 떡 같다는 생각이 든다. 가만히 앉아 있어도 들어오는 소득 말이다. 그렇다면 불로소득은 그냥 가만히 있으면 굴러들어오는 것일까? 아니면 월급처럼 어떤 노력을 선행해야만 얻을 수 있는 소득일까?

사회 초년시절 돈을 좀 불려보겠다고 결심하고 은행에 달려갔던 때가 생각난다. 1년간 적금으로 모은 돈으로 어디에 투자하면 좋을지 은행직원에게 상담을 요청하였다. 은행직원은 요즘 중국

이 뜬다면서 중국 펀드의 수익률 표를 보여주며 '중국 펀드'를 추천해주었다. 펀드 운용수익률을 보니 '와'하는 감탄사가 나왔다. 예금보다 높은 수익률은 나를 유혹하기 충분했다. 당시 펀드가 뭔지도 잘 모르던 나는 은행 직원의 말만 믿고 저축으로 차곡차곡 모았던 돈을 전부 다 투자하였다. 이 돈이 엄청나게 불어날 것이란 장밋빛 꿈을 꾸면서…. 그렇게 몇 개월이 지나자 150% 수익률이 달성되었다. 은행직원의 말대로 투자하길 잘했다고 생각하며 '투자 별거 아니네!' 하며 코웃음을 쳤다.

그렇게 몇 개월이 흐르자 이 중국 펀드가 곤두박질치기 시작했다. 한두 달 쭉 내려꽂더니 내 피같은 돈은 어느새 반토막이 나버렸다. 저녁 값도 아껴가면서 월급을 한 푼 두 푼 모아서 넣은 적금으로 모은 돈인데 '이걸 어쩌나' 하는 생각에 앞날이 까마득해졌다. 내 전 재산을 털어놓고 반 토막이 된 통장 잔고를 보니 마음이 답답해졌다. 도대체 내가 뭘 잘못했기에 이런 일이 벌어진 걸까? 그 펀드를 추천해 준 은행직원이 원망스럽기만 했다. 한동안 원금 반토막의 충격에 휩싸인 채 나는 그 돈이 원상회복되기만을 기다렸다. 1년이 지나 원상복구가 된 날, 난 안도의 한숨을 내쉬며 바로 돈을 출금해서 예금에 넣어두었다. 그렇게 나의 재테크의 아픈 기억 탓에 한동안 주식, 펀드의 관심을 끊어버렸다. 나와 재테크는 인연이 없는 것 같다며!

당시 은행에서 판매한 펀드가 반 토막이 나자 묻지마 투자를 했던 많은 사람들의 항의가 빗발쳤었다. 은행에서 손실 위험 등 자세한 설명 없이 판매했던 것도 문제였지만 나처럼 아무 생각 없이 가입한 사람들이 더 큰 문제였다. 은행은 펀드를 판매하여 판매수수료를 수익화하는 기업이다. 은행의 이러한 속성을 모르는 순진한 많은 사람들이 은행직원의 말만 철석같이 믿었던 것이다. 결과 엄청난 자금이 이 펀드에 몰렸다는 사실은 사회적으로도 큰 이슈가 되었다. 당시 높은 수익률로 승승장구하였다면 묻지마 투자에 대한 경각심이 크게 다가오지 않았을 것이다. 하지만 많은 사람들이 큰 손실을 봤었기에 이때 반토막 이야기는 뉴스기사로 도배가 되었었다.

이제 많은 사람들이 주식, 펀드가 손실 위험도 많다는 사실 정도는 잘 안다. 하지만 여전히 묻지마 투자는 계속되고 있다. 최근의 코인 폭락 사태가 그러하다. 수익률만 보고 실체를 알지 못한 채 산 코인들은 새로운 종류들이 계속 생기고 어느 순간 폭락하여 휴지 조각처럼 사라지기도 한다. 여전히 많은 사람들이 단기간에 높은 수익률을 바라며 불나방처럼 뛰어든다.

난 과거의 경험들을 통해 내가 아는 것에만 투자하기로 하였다. 투자란 것은 내가 알고 해야 한다. 아무것도 모르고 누가 권유해줘서 산 펀드를 투자라고 할 수 있었을까? 어쩌면 '아무것도 몰라요'

라는 말은 엄청난 위험 속에 나를 밀어넣는 것이다. 당시 나는 제대로 된 투자를 했던 게 아닌 것이다. 중국이란 나라가 경제 상황이 어떤지, 중국 경제산업이 어떤지도 모르고 중국 펀드의 전 분기 수익률만 믿고 투자했던 내가 문제였던 것이다. 모든 것은 내가 책임을 져야 하는 것이었다. 중국펀드의 첫 투자경험은 냉정한 자본주의의 현실을 깨닫게 된 사건이었다.

그 이후로도 나만의 원칙과 인사이트 없이 한 투자들은 모두 실패로 돌아갔었다. 누가 "이 주식을 많이 사더라. 앞으로 이게 유망할 것 같아."라고 추천해주었던 주식을 아무런 기준 없이 사고 팔았던 시절도 있었다. 이렇게 누가 권해줘서 산 주식들과 별 생각 없이 가격만 보고 산 주식들이 수익을 안겨준 적은 없었던 것 같다. 물론 일시적으로 수익을 낸 적도 있었지만, 결국 손해를 보았다. 투자에 운이란 것도 분명 존재하겠지만 운에만 내 돈을 맡기기엔 너무 불안한 것이 사실이다.

그렇다면 '안전하면서도 성공 확률이 높은 투자는 없을까?'하는 고민은 내 머릿속에서 떠나지 않았다. 중국펀드와 지인이 추천해준 주식 투자의 실패는 꽤 오랫동안 나를 괴롭혔지만 그렇다고 재테크를 안할 수도 없는 노릇이었다. 쥐꼬리만한 월급명세서를 보고 있으면 월급만 모아서는 답이 없다는 생각이 나를 자꾸만 재촉했다. 하지만 너무 어려웠다. 주식 용어도 어렵고 주식 공부를 위한 기업 공부도, 부동산 공부도 모두 어려웠다. 뭐 하나 쉽게 되는 것은 없다는 것을 뼈저리게 느꼈다. 또 다시 재테크 하다가 있는 돈마저 잃어버릴까 봐 불안하기도 했다.

여러 번의 실패를 통해 얻은 교훈은 두 가지이다. 첫 번째는 "내가 알지 못하는 곳에는 투자하지 말자"라는 것, 두 번째는 '투자의 성공 확률을 높이는 방법은 철저한 공부와 현장 경험뿐이다."라는 것이다. 내가 모르는 곳에 투자했던 것은 투자를 가장한 투기였고, 때를 기다리지 못한 성급함 때문이었다.

돈을 잃을까 봐 불안하다는 것은 내 투자 대상에 대한 확신이 없기 때문이다. 확신도 없는데 내 소중한 돈을 내맡긴다는 것은 어쩌면 확률이 희박한 운에만 의지한 도박 같은 것이다.

결국 불로소득은 그냥 가만히 있어도 굴러 들어오는 것은 아니었다. 하루하루 공부의 내공을 쌓아 행동을 통해 기회를 잡았을 때 얻을 수 있는 소득인 것이다. 인플레이션으로 자산가격이 결국 우상향한다. 그리고 부는 늘 공부하고 행동하며 기회를 잡는 자에게 오는 것이며 기다릴 줄 아는 자에게 주어질 것이다.

직장은 나를 책임져 주지 않는다

높아진 물가와 팍팍해진 살림살이

코로나 이후 인플레이션이 더욱 크게 와닿는다. 점점 더 팍팍해지는 살림살이는 전 세계 많은 사람들이 느끼는 현실이다. 최근 급격해진 인플레이션으로 임금상승률보다 물가상승률이 높아졌으니 우리가 피부로 느끼는 경제적 어려움은 어쩌면 당연지사인 것이다.

그래서인지 최근 'N잡러'라는 말이 유행하기 시작했다. 직장에서 버는 돈으로는 부족하다는 생각이 드는 것이다. 아끼고 아껴보지만 생활은 나아지지가 않기 때문이다. 이때 수입이 고정되어 있다면 지출을 줄이든지, 아니면 수입을 늘리는 방법을 택해야 한다. 수입을 늘리고 지출을 줄일 수 있다면 금상첨화다. 돈을 관리하는 법을 아는 것 자체도 일종의 재테크가 되기 때문이다.

하지만 우리는 이것만으로도 충분하지 않다. 돈이 일하게 하는 방법을 찾아야 한다. 그렇지 않으면 인플레이션으로 인한 현금의 가치 하락을 감당해내기가 힘들기 때문이다. 월급을 다 모아도 넉넉한 노후를 기대하기가 불안한 상황인데 월급을 다 모으기는커녕 부족하다고 생각되는 이 시기에 돈을 아끼기만 한다고 모든 문제가 다 해결될 리는 없다.

월급만으로는 답이 없다. 무엇으로 돈을 벌어야 할지 고민해 봐야할 때

지난해 국토부에서 발표한 '2022년 주거실태조사' 결과에 따르면 수도권 집을 마련하는 데 월급을 한 푼도 쓰지 않고 저축하면 9년이라는 시간이 걸린다고 한다. 앞으로 원자재 가격은 더 오를 가능성이 많고 이로 인해 분양가가 더 높아질 수도 있다.

이런 이야기를 들으면 직장인들은 점점 더 좌절감이 든다. 월급을 전부 모을 수도 없지만 그렇게 한다손 치더라도 내 집 마련에 9년이나 걸린다니 말이다. 내가 원하는 직주근접의 신축아파트를 사려면 더욱 힘들다. 직장인의 현실은 월급에서 생활비를 빼면 저축할 돈이 많지 않다. 그래서인지 애시당초 주택 구입을 포기하고 돈을 쓰는 욜로족도 늘어났다. 마음이 급한 사람들은 한방에 큰 수익을 내서 빨리 부자가 되고 싶어 무리하게 고위험 상품에 눈독을 들인다.

주변에 주식 투자해서 엄청나게 손실이 났다는 이야기를 들으면 겁이 나고 뉴스에서 내년 부동산 가격이 떨어질 것이라고 전망을 하면 내 집을 샀다가 가격이 떨어질까 두렵다. 혹시나 사자마자 집 값이 하락할까 봐, 가지고 있는 돈마저 날려버릴까 봐 덜컥 겁이 나는 것이다. 하지만 겁이 난다고 피하기만 할 수는 없다. 노동소득으로 모은 저축으로 재산이 불어나는 것보다 부동산, 주식 등 자산을 가진 사람의 재산이 늘어나는 속도가 더 빠르기 때문이다.

10년 전 주택 가격이나 우량주의 주가 차트를 살펴보면 놀라움을 금할 수 없다. 그리고 후회가 밀려온다. '내가 10년 전으로 돌아가면 이걸 샀을 텐데' 하고 말이다. 하지만 시간은 다시 돌아오지 않는다. 앞으로 폭망할 것이라며 떠들어대는 사람들의 이야기만 들으면서 계속 우물쭈물할 것인가? 기회는 '기회'라는 팻말을 앞에 붙이고 지나가지 않는다. 뒤에 살포시 기회라는 팻말을 숨긴 채 지나간다. 부자들은 위기 속에서 남들이 보지 못한 기회를 잡았다. 위기 속 조용히 지나가는 기회를 잡을 것인가, 놓칠 것인가는 여러분의 선택에 달려 있다. 미래에 내가 선택한 투자가 100% 수익을 볼 수 있다는 보장은 없다. 다만 '가만히 있으면 손해'라는 결과만 있을 뿐이다. 인플레이션으로 인한 현금 가치는 계속해서 떨어지기 때문이다.

S&P500 지수를 추종하는 ETF는 10년 전보다 3.3배 상승하였다. 그리고 애플 주식은 10년 전에 비해 13배가 상승하였다. 즉, 10년 전 천만 원을 SPDR ETF에 넣어놨으면 3,300만 원, 애플 주식을 샀으면 1억 3천만 원이 되어 있을 것이다. 하지만 우물쭈물하며 그 돈을 통장에 그대로 넣어 놓기만 했다면 천만 원에 은행이자 조금 붙은 상태 그대로일 것이다. 더구나 연 3% 물가상승률을 가정하면 10년 후 천만 원의 가치는 744만 원으로 줄어들어 있을 것이다.

손해가 두려워서 우물쭈물하면서 원금을 꼭 쥐고 잃지 않으려고 애쓸 때가 아니다. 어떻게 해야 돈이 일하게 할 수 있는지 방법을 적극적으로 찾아나서야 한다. 투자를 하는 것은 새로운 도전이다. 새로운 도전에는 늘 두려움이 존재하기 마련이다. 그리고 두려움은 선택을 어렵게 한다. 안전하다는 것이 진짜 안전한 것일까라는 질문을 해봐야 한다. 안전하다는 허울 좋은 포장지에 둘러싸여 한 발자국도 앞으로 전진하지 못한다면 평생 제자리에 머물게 될 것이다.

인간이 불합리한 선택을 하는 이유

우리는 도대체 왜 투자를 하는 것이 두려운 걸까? 개리 마커스의 《클루지》를 읽다보면 이런 이야기가 나온다. 바로 크리스마스 적금에 대한 이야기이다. 사람들이 크리스마스 적금에 돈을 넣는 것보다 더 나은 경제적인 선택이 있지만, 그렇게 선택하지 못하는 이유에 대해 잘 설명해 주고 있다.

"우리가 이렇게 간단하고 재정적으로 건실하지 못한 이유는 현재의 유혹이 미래의 추상적인 현실을 압도하기 때문이다. 나아가 현재의 유혹은 우리 자신을 무일푼으로 방치하는 경향이 있다. 한 평가에 따르면 전체 미국인의 거의 3분의 2가 노후를 위해 터무니없이 적은 돈을 저금한다고 한다."

– 《클루지》 중에서 –

이렇게 우리는 현재 눈 앞에 있는 것을 먼 미래에 얻을 이익보다 더 크게 여기는 경향이 있다. 지금 쓰고 싶은 소비의 유혹 때문에 나중에 큰 수익을 얻을 수 있다고 해도 마음에 잘 와닿지 않는다는 것이다. 하지만 이런 불합리한 선택으로 더 나은 미래를 포기하는 것이 옳은 일일까? 인간이 불합리한 선택을 하도록 설계되어 있다는 것을 인정하자. 그리고 그 본능을 이기려는 노력을 해야 한다. 결국 직장은 나의 미래를 보장해 주지 않는다는 것을 잊지말자.

2부. 불로소득의 최적 루트를 찾아라

3장

나의 선택이 내 미래자산을 좌우한다

나의 선택의 결과가 지금 현재의 모습이다

우리는 매일 수많은 선택을 한다. 아침에 일찍 일어날 것인지 아니면 좀 더 자고 일어날 것인지 오늘 운동을 할 것인지 하는 작은 선택부터 집을 살 것인지 아니면 좀 더 기다릴 것인지, 직장을 이직할 것인지 계속 다닐 것인지 등의 큰 선택까지, 늘 수많은 선택의 상황 속에서 살고 있다.

우리는 이러한 수많은 선택들의 결과로 현재의 모습을 갖추게 되었다. 지금의 직업을 선택했기 때문에 지금의 월급을 받고 살아가고 있으며, 지금의 배우자를 선택했기 때문에 지금의 현실을 맞이하며 살아가고 있는 것이다.

투자에 있어서도 단기투자를 할지, 장기투자를 할지를 선택하는 것은 모두 개개인의 몫이다. 그리고 결과가 무엇이든 책임지고 인정해야 한다. 누가 이렇게 하라고 해서 했다는 변명은 통하지 않는다. 다른 누군가의 이야기를 듣고 투자를 결정하였다가 큰 손실을 입었다 할지라도 결국 본인이 그 말을 듣기로 선택한 것이므로 모두 본인 책임이다.

내가 만약 지금의 선택이 아니라 다른 선택을 하였더라면 어떠했을지 상상해 보았는가? 그 선택들 중에는 후회스러운 선택도 있을 것이고, 현명한 선택이라고 자부하는 것도 있을 것이다. 그럼 그 선택에는 어떤 요인들이 작용하는 것일까?

우리가 하는 많은 선택들에는 비밀이 숨겨져 있다. 그것은 바로 무의식의 세계이다. 우리가 하는 행동의 대부분은 내 머릿속에 깊이 뿌리박혀 있는 무의식에서 나온다. 프로이트에 따르면 인간의 정신은 의식, 전의식, 무의식으로 나눌 수 있으며, 무의식이 정신의 대부분을 차지한다고 하였다. 우리 정신의 대부분을 차지하고 있는 무의식은 상상력을 동원하여 행동으로 표출되게 된다.

대부분의 투자의 영역도 이 무의식과 연결되어 있다. '집 값은 앞으로 떨어질 것이다.'라고 온통 부정적인 생각으로 가득한 사람은 집을 사려고 하여도 쉽게 행동으로 옮기기 힘들다. 머릿속에 집값이 떨어질 것 같다는 온통 불안한 생각으로 가득하기 때문이다.

반면 투자하려고 하는 대상의 미래를 희망적으로 상상하는 사람에게는 많은 기회가 보일 것이다. 그 희망적인 상상력은 행동을 하게 만드는 힘이 된다. 결국 투자 대상에 대한 미래를 잘 상상하는 사람과 현명한 자가 좋은 선택을 하게 되는 것이다.

'돈은 힘들게 노동으로만 벌 수 있는거야'

'투자는 아무나 하는 게 아니야'

'투자로 성공한 사람은 특별한 사람들이야'

자신도 모르게 이렇게 되뇌고 있었던 것은 아닌지 자신을 돌아봐야 한다. 무의식 속에서 계속 되뇌고 있었던 말들이 과거의 선택에 영향을 미쳤다는 것을 인정하는 것에서부터 시작해야 한다.

모든 투자에는 상상력을 가지고 여러 가지 정보를 조합하여 선택을 하는 과정을 필요로 한다. 이 기업이 미래에도 지속 가능한 경쟁우위를 가진 기업인지 판단할 때도 수많은 정보를 바탕으로 상상력을 발휘하여 선택하여야 하고, 부동산을 투자할지 결정할 때에도 주변의 개발계획은 어떤지를 살펴보면서 상상력을 발휘해서 선택하여야 한다.

"장화 신고 들어가서 구두 신고 나온다"라는 부동산계의 유명한 격언이 있다. 이 격언은 1990년대 말 분당, 일산 등 수도권에 1

기 신도기가 만들어지면서 생긴 말이다. 당시에는 장밋빛 개발 계획만이 있었을 터이다. 눈 앞에 보이는 것은 허허벌판이었을 것이다. 아무것도 없는 신도시 개발 초기에는 인프라가 구성되어 있지 않아 불편한 것들이 많다. 진짜 말 그대로 도로 정비조차 제대로 되어 있지 않아 장화를 신고 다녀야 할 지경인 곳도 많다.

우리는 동탄, 송도, 마곡처럼 10년 전의 모습과 완전히 다른 모습으로 변한 곳들을 많이 볼 수 있다. 10년 전에 비하면 너무 많이 변해서 그야말로 '상전벽해'라는 말이 이 지역들에 적합하지 않을까 싶다. 이곳들은 모두 초창기에 '거기 허허벌판에 어떻게 들어가서 사냐'는 걱정 어린 시선을 한껏 받았다.

하지만 지금 그 도시들의 모습은 어떠한가? 많은 사람들이 가고싶어 하는 부러워하는 도시들로 변화되었다. 그리고 용감하게 개발계획을 믿고 긍정적으로 생각하며 투자한 이들은 많은 수익을 얻게 되었다.

지금도 기회는 위기 속에서 가면으로 무장한 채 지나가고 있다. 위기 속에서 기회를 잡을지 말지도 모두 선택에 달려있다. 오늘 하루하루의 작은 선택들도 모여서 내일의 미래를 만든다는 사실을 잊지 말아야 한다.

그리고 좋은 선택을 하기 위해서 오늘 하루도 현명한 지혜를 갖추기 위해 공부하는 자세를 가져야 할 것이다. 대부분의 성공 투자가들이 독서를 게을리하지 않았다는 사실은 현명한 통찰력을 가지고 좋은 선택을 하기 위한 것임을 알아야 한다. 그저 운이 좋아서가 아니라 그 좋은 선택의 이면에 있는 숨은 노력들이 있다는 것을 말이다.

〈선택에 앞서 스스로에게 하면 좋은 질문들〉

1. 나는 이 선택을 왜 하게 되었는가?
2. 이 선택에 후회하지 않을 자신이 있는가?
3. 이 선택을 하지 않았을 때 놓치게 되는 기회는 무엇이 있을까?
4. 이 선택을 하였을 때 최악의 결과를 감당할 자신이 있는가?
5. 나는 이 선택을 하기 위해 충분히 정보수집을 하였는가?
6. 내가 한 선택이 미래에 미칠 결과는 무엇일까?

미래를 보는 눈 키우기
: 대장 아파트 분석을 통한 더 비싼 아파트의 비밀

김 부장은 요즘 부동산 공부에 열과 공을 들이고 있다. 지난번 전세금을 올려달라던 집 주인 말에 충격을 받은 모양이다. 거주하는 지역의 아파트 시세를 공부해봤지만 도저히 감이 오지 않는다며 질문을 했다. 질문의 요지는 아내가 무리를 해서라도 A아파트로 이사를 가고 싶다고 하여 시세를 확인해 보니 A아파트가 왜 다른 아파트보다 비싼 건지 도통 모르겠다는 것이다.

게다가 바로 옆 동네 아파트보다 한 블럭 차이밖에 나지 않는데 2억이나 더 주고 그곳으로 이사가겠다고 우기는 아내 말을 듣자니 금전적인 부분이 부담도 되고 아내 말을 안 듣고 옆 블록을 이사를 가자니 아내 원망을 들을 것 같아 걱정이 되었나보다.

김 부장의 아내처럼 많은 사람들은 무엇 때문에 대장 아파트에 끌리는 걸까? 그리고 어떤 조건을 가진 아파트가 대장 아파트가 되는 걸까?

우리가 대장 아파트를 분석해야 하는 이유

많은 사람들은 시세 대비 저렴하고 좋은 아파트를 사고 싶어 한다. 하지만 저렴하고 좋은 아파트를 찾으려면 보이지 않은 것들을 볼 수 있는 눈이 필요하다. 좋은 아파트가 어떤 입지조건을 갖추고 있지 알지 못하면서 앞으로 오를 아파트를 찾을 수는 없다. 따라서 대장 아파트가 무엇 때문에 그 지역 내에서 시세가 높은지 그 이유를 먼저 파악하는 것이 중요하다.

대장 아파트는 그 지역의 상단 가격을 알려준다. 그리고 사람들이 많이 가고 싶어하는 아파트가 어떤 아파트인지를 알 수 있다. 즉 끊임없는 수요가 있는 아파트가 가지고 있는 중요 포인트를 파악할 수 있게 되는 것이다. 그리고 이 특성을 파악하게 되면 개발 초기 단계 지역의 아파트를 고를 때 큰 도움이 된다. 초반 분양가는 대장 프리미엄 없이 구입할 수 있는 가격일 테니 말이다.

부동산 공부의 첫째는 부동산을 보는 눈을 키우는 것이다. 많은 사람들이 좋아하는 부동산이 어떤 특징을 가지고 있는지를 알아야 한다. 예를 들어, 미혼의 경우에는 학령기 자녀가 없기 때문에 인근에 학교가 없는 아파트를 고를 가능성이 크다. 하지만 초중고가 둘러싸인 아파트에 비해 학교가 없는 아파트가 추후 수요가 많지 않을 것을 안다면 어떤 선택을 해야 할까? 실제로 처음 분양가는 비슷한데 시간이 지나 비교해 보면 학교 주위를 둘러싼 아파트가 더 높은 시세를 형성하고 있는 것을 볼 수 있다.

이렇듯 우리는 대장 아파트가 갖추고 있는 특징들을 분석하여 부동산 보는 눈을 키워야 하는 것이다. 주관적인 기준으로만 부동산을 분석한다면 수요는 없는데 혼자 만족하는 그런 부동산을 고를 뿐이다. 부동산은 큰 돈이 들어가기도 하지만 거래비용이 크기 때문에 제대로 공부를 하고 구입할 것을 추천한다.

왜 그 아파트가 대장 아파트야?

일반적으로 아파트 실거래가 순위를 살펴보면 1순위~3순위 내에 있는 아파트를 대장 아파트라고 부른다. 많은 사람들의 워너비, 여러분이 사는 지역의 랜드마크로 불리는 대장 아파트를 떠올려보자. 과연 그곳은 무엇이 다르기에 바로 옆 동네보다 훨씬 더 비싼 건지 낱낱이 살펴보자.

우리는 부동산을 판단할 때 흔히 말하는 4대 요소를 본다. 4대 요소는 크게 교통, 편의시설, 학군, 자연환경으로 볼 수 있는데 이 4가지 요소를 두루 갖춘 아파트가 대장 아파트일 가능성이 높다.

대장 아파트는 상승기에 큰 폭으로 오르고 하락기에는 하방 지지가 되는 특성을 가지고 있다. 그 이유는 많은 사람들이 들어오고 싶은 수요는 많지만 나가려는 사람은 적기 때문이다. 우리가 경제 시간에 배운 수요공급의 법칙을 떠올려보면 된다. 모든 자산은 수요가 공급보다 많으면 가격이 오르고 공급이 수요보다 많으면 가격이 떨어지기 마련이다.

대장 아파트의 주민들은 거주를 하면서 느끼는 만족도가 매우 높다. 그렇기 때문에 이사를 나가려는 사람은 많지 않다. 반면에 이사를 들어오려고 대기하고 있는 수요는 많다. 바로 이 원리 때문에 대장 아파트는 하락기에도 큰 폭으로 가격이 떨어지지 않는다. 반면, 부동산 활황기가 되면 수요가 평소보다 많아지기 때문에 더 큰 폭으로 상승하는 것을 볼 수 있다.

대장 아파트는 교통 편의성이 좋은 편이다. 주요 일자리와 연결된 전철역이 인근에 있으며, 추후 교통망에 대한 미래 계획도 밝은 편이다. 또한 초·중·고등학교도 가까운 거리에 위치하고 있어 아이가 있는 가정에서 안심하고 학교에 보낼 수 있다. 500세대 이상의 대단지 아파트를 구성하고 있어 단지내 커뮤니티 시설 및 산책로를 이용할 수 있으며, 인근에 공원과 같은 자연환경이 있어 가족과 함께 여가시간을 즐길 수 있다. 주변에 쇼핑센터도 갖추고 있어 생활편의성을 더해준다.

위에 언급한 사항들을 상당 부분 갖추고 있으며 주요 일자리와 가까운 부동산이라면 이미 높은 시세를 형성할 것이다. 앞으로 개발 계획을 살펴보았을 때 위의 4대 요소들을 상당 부분 실현할 가능성이 있다면 미래가치를 듬뿍 품은 부동산이니 구입을 해도 좋을 것이다. 하지만 위에 언급한 부분을 현재에도 갖추고 있지 않으며, 미래에도 갖출 계획이 없다면 투자 가치는 높지 않다고 보여지므로 다시 한번 재고해 보아야 할 것이다.

〈지역별 대장 아파트 예시〉

	서울	경기도	인천	부산
아파트명	래미안 원베일리	과천 푸르지오써밋	송도 더샵파크애비뉴	트럼프월드 센텀
시세	42억5천	20억5천	12억	14억7천
평형	35평	32평	35평	34평
특징	◇ 입주년도 : 2023년 ◇ 세대수 : 2,990세대 ◇ 서초구 반포동 학군 • 서울대 진학률 4.2% • 4년제 진학률 95.07% • 특목·자사고 진학률 36.2% • 학원수 : 456개	◇ 입주년도 : 2020년 ◇ 세대수 : 1,571세대 ◇ 과천시 중앙동 학군 • 서울대 진학률 1.84% • 4년제 진학률 84.45% • 특목·자사고 진학률 13.18% • 학원수 : 31개	◇ 입주년도 : 2018년 ◇ 세대수 : 668세대 ◇ 연수구 송도동 학군 • 서울대 진학률 0.68%, • 4년제 진학률 79.63% • 특목·자사고 진학률 17.47% • 학원수 : 467개	◇ 입주년도 : 2006년 ◇ 세대수 : 564세대 ◇ 해운대구 우동 학군 • 서울대 진학률 0.99% • 4년제 진학률 94.35% • 특목·자사고 진학률 18.75% • 학원수 : 306개
교통환경	신반포역 9호선	과천역 4호선	인천대입구역 인천지하철1호선	센텀시티역 부산지하철 2호선
자연환경	반포한강공원 인근	과천서울대공원 인근	센트럴파크 인근	센텀마리나파크 인근

〈참고 : 아실, 프롭피아카데미〉

앞의 각 지역별 대장 아파트의 예시를 통해 시세가 높은 아파트는 무엇이 다른지 한번 살펴보자. 네 지역의 아파트 모두 세대 수는 500세대 이상의 대단지이다. 새 아파트이거나 새 아파트가 될 재건축 단지임을 알 수 있으며, 학군이 좋다는 것을 알 수 있다. 또한 일자리를 이어주는 교통편이 좋거나 좋아질 예정이라는 특징도 가지고 있다.

종합적으로 대장 아파트는 교통인프라, 교통 호재, 학군, 주변 자연환경, 개발 호재 등 사람들이 선호하는 것들을 품고 있는 아파트일 것이다.

싸고 좋은 물건은 세상에 없다. 그렇다고 모두가 비싸고 좋은 아파트를 살 수도 없는 노릇이다. 어쩌면 우리가 부동산 공부를 하는 이유는 싸고 좋은 물건을 미리 선점해서 주어진 조건 속에서 최선의 선택을 하려는 데에 있다. 과거 역사 속으로 돌아가서 살펴보면 우리가 놓쳤던 기회들이 분명 있었기 때문이다.

명확한 목표를 가져라

종이에 적어라 그러면 실현된다.

종이에 적어라 그러면 반드시 실현된다.

– 간다 마사노리의 《비상식적 성공법칙》 중에서

'종이에 적는데 도대체 어떻게 실현이 되는거야? 말도 안돼….' 그렇게 책을 덮으려고 하는데 문득 아주 오래전 일이 생각났다.

남편과 아이를 데리고 유모차를 차에 싣고 공원에 산책을 나왔다. 돗자리를 깔고 공원에 앉아 물끄러미 공원 앞의 아파트를 바라보았다. 문득 '아! 나도 저기 살고 싶다. 그러면 유모차를 집에서 끌고 나와서 아이와 같이 산책할 수 있을 텐데'라는 생각이 들었다. 당시엔 다른 지역에 살고 있었다. 그래서 큰 공원에 놀러 나오려면 유모차를 차에 싣고 한참을 와야 했다. 그곳에서 아이가 해맑게 웃으며 놀고 있는 것을 보노라면 모든 근심 걱정이 사라지는 것 같았다.

그 이후로 공원 주변의 아파트는 계속 머릿속에 맴돌았고, '꼭 공원 주변 아파트로 이사 가야지'라고 목표를 세우게 되었다. 그렇게 아이들이 유모차를 졸업하고 무럭무럭 자랐고 초등학교도 입학했다. 그렇게 시간이 흘러 흘러갔다.

그때 일은 잊고 있는 줄 알았다. 하지만 내 머릿속 깊숙한 곳에 내가 가고 싶은 집이 있었다. 시간이 흘러 몇 번의 이사 끝에 나는 현재 내가 상상했던 그 아파트에 이사 온 이후 알게 되었다. 그 당시의 간절한 마음도 생각이 났다. 어쩌면 오래전에 내가 오고 싶어 했던 곳을 끊임없이 상상했기에 가능했던 게 아닐까 하고 말이다. 몇 번의 이사를 통해 나도 모르게 끌리듯이 지금 집을 계약했던 것 같다. 그리고 그것이 이루어질 수 있도록 나의 뇌 속에선 끊임없이 내 목표를 이루기 위한 방법을 연구하였던 것 같다.

지금 상황이 어찌되었건 '내가 과연 그 목표를 이룰 수 있을까?', '지금 이 상황에 그 목표를 이루는 것이 가능할까?'라는 의구심을 떨쳐내고 목표를 머릿속에 그려 넣어보자. 그리고 마음껏 상상하자. 그곳에서 행복하게 사는 모습을 말이다. 종이에 적어서 냉장

고에 침대 머리맡에 놓아두자. 언제까지 이 목표를 달성할 것인지 수치를 구체적으로 기재하는 것이 더 좋다.

> 내 꿈을 상상할 수 없다면, 아직은 그 꿈을 이룰 준비가 되어 있지 않은 셈이다. 우리 뇌는 물리적 또는 정신적으로 달성 가능한 것들만 심상으로 만든다. 내 마음이 특정 목표를 달성한 내 모습을 그릴 수 있으면 내 몸이 그것을 해낼 수 있다. 상상할 수 있다면 실현할 소질도 있는 것이다.
>
> – 앨런 피즈, 바바라 피즈의 《결국 해내는 사람들의 원칙》 중에서

목표를 상상하면 이루어진다는 것은 과학적으로 밝혀진 사실이라고 한다. 우리의 뇌는 목표를 입력하면 RAS가 알아서 목표를 달성해주도록 돕는다고 한다. RAS는 한마디로 나침반 역할을 한다. 우리가 차에 탔을 때 목적지를 네비게이션으로 검색하면 자동으로 그곳으로 가도록 안내해주는 것을 생각하면 된다. 목표를 명확히 하지 않으면 뇌는 헷갈린다. 네비게이션에 목적지를 잘못 입력한다면? 네비게이션은 잘못된 목적지에 도착하게 안내할 것이다. 그렇다면 다시 목적지를 입력해야 한다. 내가 진정으로 원하는 목적지를 말이다.

내가 가고자 하는 곳을 입력하면 더 빨리 그곳에 도착할 수 있다. 그래서 목표 설정이 정말 중요하다는 것이다. 목표 설정은 명

확히 해야 한다. 구체적으로 상상하고 종이에 적어보자. 비전보드에 내가 가고 싶은 집의 사진을 출력해서 붙여놓으면 상상력을 발휘하기에 더 좋다.

목표를 설정하고 난 후 그것이 이루어진 것처럼 상상해 보자. 목표를 설정하는 것만으로도 나의 미래와 연결되어 있다는 것을 느낄 것이다. 우리는 미래와 연결되어 있어야 삶의 의미를 가진다. 명확한 목표는 오늘 하루 최선을 다해 살아갈 의지를 심어준다. 오늘 비록 힘들더라도 꿈이 있으면 참게 되고, 오늘 비록 하기 싫은 일이 있더라도 되고 싶은 것을 이루기 위해서라면 참을 수 있는 용기가 생긴다. 위의 목표를 매일 소리내어 읽어보자. 이미 이루어진 것처럼 힘이 날 것이다.

어쩌면 상상할 수 있는 것은 인간의 큰 축복이다. 지금 쓰고 있는 많은 물건들은 누군가의 상상으로 만들어졌다. 상상하는 것만으로도 우리가 원하는 것을 이룰 수 있는 가능성은 커지는 셈이다. 내가 상상할 수 있다는 것은 내가 그것을 이룰 수 있는 능력이 있다는 것이다. 구체적인 목표 설정을 하고 상상의 나래를 펼쳐보자. 어느 순간 당신의 미래는 현실이 되어있을 것이다.

2부. 불로소득의 최적 루트를 찾아라

4장

사회초년기,
첫 월급으로
자산 포트폴리오
구성하기

사회초년기, 종잣돈 모으기에 집중해야 할 때

'첫 월급을 받았는데 이 돈을 어떻게 해야 할까? 적금을 들까? 아니면 여행을 갈까?'

사회에 첫 발을 디뎠을 때가 생각난다. 직장에 들어가니 각 은행권에서 마이너스 대출을 해준다고 유혹하였다. 마이너스 대출을 받아 발령나기 전 그동안 미뤄뒀던 유럽 여행을 당장이라도 떠나고 싶은 유혹이 들었다. 학생 신분으로만 살다가 거금의 돈을 갑자기 은행에서 저리에 빌려준다고 하니 마음이 끌리는 건 어쩔 수 없었다.

하지만 "마이너스 대출 받으면 마이너스 인생이 된다."라는 어머니의 말씀에 유럽여행이라는 달콤한 유혹을 뿌리치느라 힘들었던 기억이 난다. 아마도 마이너스 대출을 받아 돈을 다 써버렸다면 월급을 받아서 대출을 갚느라 돈을 모으지 못했을 것 같다. 달콤한 유혹으로 소비의 맛을 본 후의 늘어난 지출습관이 나의 발목을 잡았을지 모른다. 그리고 한동안 월급으로 그 빚을 갚느라 종잣돈을 빨리 모으지 못했을 것이다. 어쩌면 그때의 유혹을 뿌리친 것 자체가 나의 종잣돈 모으기의 씨앗 역할을 했을지 모른다.

사회초년생 시기에는 각종 유혹이 많다. 쉽지는 않겠지만 그 유혹들을 반드시 뿌리쳐야 한다. 하고 싶은 것 다 하고 쓸 거 다 쓰면 돈을 모을 수는 없기 때문이다. 일반적으로 지출을 늘리기 전 저축의 고통과 지출이 늘어난 후 저축의 고통은 정도가 다르다. 어떤 것을 선택할지는 개인의 몫이지만 이왕이면 하루라도 빨리 종잣돈을 모으고 자산을 불리는 길을 선택하는 것은 어떨까? 시간이 갈수록 자산 격차는 더욱 벌어지고 마음은 조급해질 수 있으니 말이다.

나는 첫 월급의 90% 정도를 저축했다. 첫 월급이 많지도 않았지만 거의 대부분을 저축에 올인했다고 하는 것이 옳았다. 첫 월급을 받자마자 은행으로 가서 적금을 가입하고 월급통장에서 자동으로 빠져나가도록 설정을 하였다. 강제적으로 환경설정을 해버린 것이었다. 월급에 비해 저축률이 높았기에 생활은 늘 빠듯했다. 매달 상황에 따라 유동적인 상황은 발생을 하기 때문에 적금을 붓기 어려운 달도 있었다. 이럴 땐 부모님께 잠시 모자란 돈을 빌렸다가 보너스가 나오는 달처럼 초과 수익이 있을 때 돈을 갚는 식으로 적금 이체를 강제화시켰다.

적게 쓴다고 행복이 작아지지는 않는다. 소소한 것에서 소소한 즐거움을 찾으면 되기 때문이다. 돈을 아껴서 저축을 하면서 통장에 쌓인 돈을 보는 즐거움을 누려보라. 살면서 인내와 절제를 통해 고정된 습관을 지니게 되면 앞으로 물질적인 것 이상의 보상이 주어질 것이다.

40년 전 스탠퍼드 대학에서 진행된 연구에서 어린아이들을 방에 남겨두고 마시멜로를 하나씩 주면서 마시멜로를 지금 먹어도 되지만 15분간 참고 먹지 않으면 기다린 상으로 하나씩 더 주겠다고 알렸다. 하지만 받자마자 냉큼 먹는 아이들이 있었고 먹지 않고 참은 아이들이 있었다. 세월이 흐른 후 아이들을 찾아갔을 때 15분간 먹지 않고 참았던 아이들이 곧장 먹은 아이들보다 훨씬 많은 것들을 성취했다고 한다.

성공하는 사람들이 늘 소수인 이유는 자기 만족을 참을 줄 알고 당장의 마시멜로에 대한 유혹을 이겨내며 미래를 꿈꾸는 자들이 많지 않기 때문이다. 현재 사고 싶은 것을 참는 것이 쉬운 일은 아니다. 하지만 지금 물건을 사느라 돈을 써서 그 돈을 벌기 위해 일을 해야만 하는 쳇바퀴 같은 삶을 더 오래해야 한다는 사실을 알아야 한다. 돈을 물건으로 바꾸느라 하기 싫은 일을 더 오래할 것인가, 아니면 내가 원하는 인생을 더 빨리 당길 것인가 고민해봐야 할 것이다.

종잣돈을 모으기 위해 지출을 체크해 보자

종잣돈 모으기를 빨리 해야한다는 결심이 들었다면 우리는 돈이 어떻게 쓰여지는지 알아야 한다. 돈이 어떻게 쓰이는지를 알고 쓸데없는 곳에 돈이 쓰이지는 않는지 점검하는 습관을 들여야 한다. 돈은 소중하게 여기고 통제를 하지 않으면 잘 새어나간다. 회사 연차가 쌓이면 수입이 늘어나지만 지출액도 함께 늘어나는 것을 쉽게 볼 수 있다.

수입이 늘어나더라도 지출은 그대로고, 저축금액이 늘어나야 하는데 현실은 그렇지 않은 경우가 많다. 이때 마음속에 새겨야 할 말이 있다. "남는 돈으로 저축하면 절대 안된다. 저축하고 남는 돈으로 살아라"라는 말이다.

난 이 말이 정말 맞는 말이라고 생각한다. 나 역시 사고 싶은 것도 많고 가고 싶은 곳도 많았다. 하지만 하고 싶은 것을 다 하려면 월급을 다 써도 부족했을 것이다. 그리고 한번 늘어난 지출은 다음번에 줄이려고 해도 쉽게 줄이기 힘들다는 것을 알기에 처음 지출 통제는 굉장히 중요하다고 할 수 있다.

노트나 엑셀에 다음과 같이 지출 목록을 적어보자. 자세한 것은 맨 뒤에 가계부 작성 부분을 참고하자.

지출종류	세 부 항 목	비고
고정지출	주거비, 교통비, 공과금, 통신비, 대출이자 등	매달 고정적으로 나가는 지출
변동지출	식비, 의류 미용비, 문화비 등	매달 변동적으로 나가는 지출
예비비	가전가구 구입, 경조사비	부정기적인 지출 * 월급의 2~3배 정도 보유 추천

고정지출은 매달 변동 없이 고정적으로 지출되는 항목으로 월세 등 주거비, 지하철요금, 유류비 등 교통비, 가스요금, 전기세, 아파트 관리비 등의 공과금을 말한다. 변동지출은 매달 변동이 되는 지출을 말하며 식비, 화장품 구입 비용, 의류구입비, 영화나 공연 관람료 등의 문화비처럼 매달 변동이 되는 지출을 말한다. 변동지출도 소비를 계속 기록하다 보면 고정화시킬 수 있다. 즉 고정지출과 변동지출은 지출이 고정적이냐 변동적이냐에 따라 달라질 수 있다. 여기서 가장 중요한 것은 지출을 최대한으로 줄이고 저축량을 늘리도록 하는 것이다.

우리는 매일 지출 목록을 작성하는 것만으로도 평소 의식하지 않고 사용했던 불필요한 지출을 잡아낼 수 있다. 지출목록을 기재하는 것이 귀찮아서 지출을 안 하는 경우가 생길 수 있고 지출기록을 하는 순간 소비에 대해 인식을 하기 때문에 무분별한 지출을 안 하게 된다. 당분간 나의 더 나은 미래를 위해 알뜰하게 살아보자. 누구든지 하고자 하는 의지만 있다면 반드시 할 수 있다. 부의 기본기를 다지는 것은 돈의 지출통제임을 잊지 말자.

자동저축 습관으로 복리 효과를 누려라

이 대리는 매일 아침 회사 출근하는 길에 스타벅스로 가서 아메리카노 한 잔을 산다. 이것이 매일 아침 루틴이다. 출근길 따뜻한 아메리카노 한 잔은 이 대리에게 활력소이다. 물론 사무실에서 제공하는 머신 커피도 있지만 내가 좋아하는 스타벅스 커피와 매일 찍는 별 스티커는 또다른 즐거움이다. 매일 힘들게 일하는데 아침의 작은 선물 같은 스타벅스 커피 한 잔은 괜찮지 않을까?

물론 하루 한 잔 스타벅스 커피를 마시는 것을 하지 말라는 것은 아니다. 하지만 우리가 무심코 작은 돈이라고 여겼던 이 커피 한 잔 가격이 매일 모이면 어떤 결과를 가져올지 한 번 상상해보자는 것이다. '만일 내가 퇴직 전까지 30년간 스타벅스 커피를 마시지 않고, 사무실 커피를 내려먹으면서 커피 한 잔 가격을 아껴서 이것을 저축한다면 어떻게 될까?'라는 상상이다.

스타벅스 커피 한 잔 가격은 4,500원이다. 이 스타벅스 한 잔 가격을 매일 저축통장에 10년간 모은다면 얼마일까? 20년간 모은다면? 아니 30년간 모은다면 하는 가정이다.

이렇게 커피에 빗대어 습관적으로 소비하는 소액의 지출을 장기적으로 꾸준하게 투자하면 목돈처럼 큰 효과를 가져온다는 것을 의미하는 '라떼 효과'라는 용어가 있다. 이 말은 미국의 경제 전문가 데이비드 바흐가 《라떼 팩터(The Latter Factor)》라는 책에서 커피 한 잔 값을 절약했을 때의 효과를 설명하기 위해 제시한 개념이다. 예를 들면, 하루에 1잔, 5,000원의 커피 값을 아낀다면 1주일이면 3만 5000원, 1달이면 14만 원, 30년이면 5,400만 원을 모을 수 있다. 커피 값을 아껴서 모은 돈을 매달마다 적립식 펀드에 투자하면 연 5% 수익이 발생한다고 가정하고, 원리금에 이자가 다시 붙는 복리효과를 적용하면 30년 후에 약 1억 2,500만 원이 된다는 것이다.

그리고 이 돈을 수익률이 전혀 없는 통장에 넣어둔다면 어떨까, 혹은 수익률이 높은 ETF에 가입한다면 장기적으로 어떤 결과가 있을까?

아래의 표를 보면 수익률이 전혀 없을 때는 30년 후 4,927만5천 원을 모으게 되지만 연 수익률을 20%를 가져갈 수만 있다면 무려 26억 7,552만 원을 모을 수 있게 된다. 어쩌면 이 책에 있는 다른 내용들을 다 읽어보지 않더라도 30억이라는 숫자를 매일 조금씩만 아껴서 수익률이 나오는 펀드에 가입한다면 달성 가능한 숫자라는 결과가 된다.

물론 연 수익률 20% 달성이 쉽지만은 않다. 하지만 연 수익률 10%는 달성이 가능한 걸까? 미국 S&P 500은 지난 10년 동안 연간 14.30%의 수익률을 기록하였다. 다시 말해 우리는 그냥 S&P 500 지수를 추종하는 ETF에 가입하여 꾸준히 적립만 하더라도 10% 이상 수익률은 달성할 수 있다. 부자가 되게 해주는 비싼 강의를 듣지 않아도 아주 쉽게 아래 표에 있는 중간값은 달성이 가능한 것이다.

앞에서 하루 한잔 커피값을 예시로 들었지만, 우리는 생각보다 무의식적으로 쓰는 돈이 많다. 현금을 쓰지 않는 시대가 가속화될수록 우리는 더 무의식적으로 지출하게 될 것이다. 과거에는 현금을 꺼내서 손으로 만지고 잔돈을 받으면서 소비지출을 하였지만 지금은 현금을 받지 않는 매장들이 늘어나면서 대부분의 사람들이 신용카드를 사용하는 시대에 살고 있다. 인터넷 쇼핑의 비율도 늘어났고 인터넷 쇼핑 결제 시스템도 점점 더 간편화되어 버튼 하나만 누르면 내 정보를 가지고 와 집으로 배송시켜 주는 시대에 살고 있다.

이렇게 간편화된 지출시스템은 내 통장을 '텅장'으로 만들어줄 뿐이다. 내 무의식적인 지출을 적어서 의식적으로 인식할 필요가 있다. 그리고 그 무의식적인 지출을 아껴서 저축을 하는 것이 쌓이면 어떤 결과가 오는지 알 필요가 있다.

복리시스템은 우리가 평소 생각하는 것보다 위력이 크다. 아래 표처럼 수익률이 없을 때, 10%일 때, 20%일 때가 확연히 다르다는 것이 보이는가? 그리고 오래되면 오래될수록 엄청난 숫자의 차이를 보인다는 것이 느껴지는가?

이 대리가 아침에 출근하면서 사먹은 스타벅스가 잘못된 것이 아니다. 다만 우리가 무의식적으로 지출하는 돈이 문제인 것이다. 작은 돈을 아껴라. 작은 돈이 하루하루 매일 쌓이면 엄청나게 커진다는 사실을 인식하는 것만으로 인생이 달라질 수 있다.

하루에 커피값 4,500원을 아까서 저축했을 때 수익률

	수익률이 없을 때	연 수익률 10% 가정	연 수익률 20% 가정
하루 한 잔 커피가격	4,500	4,500	4,500
한달 총계	135,000	135,952	136,904
1년 총계	1,642,500	1,696,553	1,777,936
10년 총계	16,425,000	17,820,000	46,164,542
20년 총계	32,400,000	92,439,844	366,062,159
30년 총계	49,275,000	267,806,145	2,675,521,569
50년 총계	81,000,000	2,007,581,161	141 ,319,316,837

(단위 : 원)

그럼 조금 더 욕심을 내서 하루 1만원을 아껴서 저축한다면 어떨지 한번 살펴보겠다. 매일 하루에 만원씩 자동이체를 시켜놓고 아무 수익이 나지 않는 통장에만 50년을 넣어놓으면 1억 8천만 원을 찾게 될 수 있지만 연 수익률이 10%인 ETF에 가입하게 된다고 하면 세금(15.4%)을 떼더라도 무려 44억 6,129만 원을 가지게 된다.

하루에 만 원을 아껴 저축했을 때 수익률 총계

	수익률이 없을 때	연 수익률 10% 가정	연 수익률 20% 가정
하루 한잔 커피가격	10,000	10,000	10,000
한달 총계	300,000	302,115	304,230
1년 총계	3,600,000	3,770,117	3,950,969
10년 총계	36,000,000	57,966,903	102,587,870
20년 총계	72,000,000	205,421,876	813,471,464
30년 총계	108,000,000	595,124,767	5,945,603,487
50년 총계	180,000,000	4,461,291,470	314,043,026,305

(단위 : 원)

투자는 빨리 시작할수록 좋다. 빠르면 빠를수록 당신의 작은 돈은 점점 더 커지고 단단해질 것이다. 우리가 잘 알고 있는 전 세계에서 가장 유명한 투자자인 워런 버핏의 재산의 90% 이상이 60대 이후에 만들어졌다는 사실을 아는 사람들은 많지 않다. 물론 워런 버핏이 투자를 잘했기에 그런 명성을 얻을 수 있었지만, 핵심은 그가 오랫동안 인내할 수 있었기에 큰 부를 이뤄냈다는 것이다. 그동안 사소한 지출을 했던 돈이 있다면 그 돈이라도 자동이체로 꾸준히 저축하고 오래 인내해 보자. 그리고 되도록 저축시스템은 자동이체로 해놓자. 그 이유는 저축을 쉽게 해야 오래 지속할 수 있기 때문이다.

사람은 망각의 동물이기 때문에 저축하는 방법이 어려우면 꾸준히 지속하기가 어렵다. 이왕 저축하기로 마음먹었다면 자동이체 설정까지 해놓고 잊어버리자. 처음부터 내 월급 자체가 저축금액을 뺀 돈이었던 것처럼 말이다. 자, 준비가 되었는가. 지금 바로 자동저축시스템을 구축해보자.

저축예금과 주식, 어떤 것을 선택해야 할까?

어느날 신입 직원이 조언을 얻고 싶다면서 찾아왔다. 첫 월급을 받고 은행에 갔더니 여러 가지 저축상품들을 추천해 주더란다. 이번에 특판으로 예금금리를 특별히 많이 준다는데 저축상품에 가입할 것인지, 주식 펀드에 가입할 것인지 고민이라는 것이다. 직원 입장에서 은행예금은 특별우대 금리로 다른 적금 상품에 비해 높은 이율을 제공해준다고 하니 꽤나 매력적으로 보였던 모양이었다. 게다가 이 예금 상품이 원금도 보장된다고 하니 든든한 마음도 들어서 아무래도 예금 쪽으로 마음이 쏠리는 모양이었다. 하지만 난 예금보다 주식을 권해주었다. 왜 난 예금보다 주식을 권해주었을까?

우리는 실질금리에 대해 알 필요가 있다. 제1금융권 은행에서 판매하고 있는 예금 이율을 3.8%라고 가정해보자. 여기에서 이자 소득세율 15.4%를 공제하고 눈에 보이지 않는 인플레이션 세금 5.8%를 빼보면 실질소득이 오히려 손해라는 것을 알 수 있다. 즉 코로나로 인플레이션 수치가 가장 높았던 2022년에 은행에 저축을 했다면 손해가 훨씬 컸다는 것을 알 수 있다. 이 인플레이션 수치를 낮추기 위해 은행 기준금리를 2023년에 급격히 높였다고 하더라도 실질 이자율은 거의 없다고 보는 편이 좋다. 이렇게 한국은행에서는 이 인플레이션 수치에 따라 매 기준금리를 조정한다. 결국 자본주의 사회에서 예금으로 큰 이득을 보기는 힘들다는 것을 알 수 있다. [※ 글로벌 인플레이션율은 2022년 8.7%, 2023년 6.8%, 2024년 5.8%(예상치)이다.] [〈International Monetary Fund〉, October, 2023]

어쩌면 우리가 그동안 가장 안전하다고 생각해왔던 원금이 보장되는 예금 상품은 가장 위험한 자산이었을지 모른다. 매년 발생하는 인플레이션으로 인해 현금 가치는 지속적으로 하락하고 있고 예금 상품은 이 인플레이션율을 반영하여 그 이상의 소득을 가져올 수 있도록 보장해주지 않기 때문이다.

한국에서는 금융 상품에 가입할 때 많은 사람들이 원금보장 유무를 중요시한다. 원금이 보장되면 마음이 편하다는 이유에서다. 그런데 여기에서 우리가 간과하는 것이 하나 있다. 바로 시간이다. 한 달 후에 찾을 돈이라면 원금보장 유무가 중요하겠지만 5년, 10년, 20년 후에 찾을 돈이라면 이야기가 달라진다. 예를 들어, 20년 후까지 원금을 보장해준다는 것은 굉장히 억울한 일이다. 그 기간 동안 가입자은 다른 기회비용을 포기해야 한다. 가령 인플레이션이 3%라고 가정한다면, 20년 후 실질적인 원금은 55% 수준에 지나지 않는다. 안타까운 사실은 많은 사람들이 그 원금보장이라는 프레임에 갇혀 있다는 것이다.

– 《존리의 부자되기 습관》 중에서

우리는 이것을 알고도 예금만을 믿고 내 돈을 예치해 둔다는 것은 돈을 일하게 만드는 것이 아니라 돈을 가만히 잠자게 두는 것이다. 그렇다면 돈을 일하게 만들려면 어떻게 해야 할까?

세계적인 투자가 워런 버핏은 기업이나 부동산 같은 생산 자산에 투자하라고 한다. 그리고 이상적인 자산의 예로 인플레이션 기간에도 신규 자본투자가 거의 들어가지 않으면서도 구매력 가치가 있는 제품을 생산하는 자산을 말하였다. 그러면서 워런 버핏은 버크셔의 목표를 일류 기업들의 지분을 늘려가서 일류 기업을 통째로 소유하는 것을 목표로 삼았다. 장기적으로 보면 이것이 가장 압도적으로 높은 실적을 낼 것이라고 말이다. 즉 워런 버핏은 '우량주식 장기투자'를 실천하였다. 그리고 이것이 단연 가장 안전하다고 말한다.

자, 이제 예금과 주식 중에 어떤 것을 택할지는 여러분의 선택에 달렸다. 우리는 살면서 수많은 선택을 한다. 이러한 금융상품을 선택하는 데 있어서도 '선택'을 해야하고 작은 물건을 살 때도 우리는 '선택'이라는 것을 해야 한다. 우리는 현명한 선택을 해야 우리의 목표에 더 가까이 다가갈 수 있을 것이다. 앞서 살펴보았던 표에 의하면 장기적으로 보았을 때 수익률과 기간에 의한 복리효과가 엄청난 차이를 가져온다는 것을 모르는 채 넘어갈 수가 없으니 말이다.

돈은 자신을 알아주는 주인만을 섬긴다. 돈은 자신의 가치를 진정으로 아끼고 사랑하는 주인을 위해 불어난다. 그리고 만족스럽게 주인을 위해 일한다. 하지만 아무렇게나 불어나는 것은 아니다. 돈을 다룰 줄 아는 현명함을 가진 주인 곁에서만 불어난다.

– 발타자르 그라시안

우리는 돈에게 어떻게 일을 시킬지 아는 '현명함을 가진 주인'이 되어야만 한다. 그 현명함으로 선택에 따라 자산이 불어나는 결과값을 가져오기 때문이다. 현명함이란 결국 돈에 대한 공부와 경험을 통해 얻을 수 있다는 것을 명심하자.

많은 사람들이 "주식투자는 위험하다", 그리고 "예금이 안전하다"라고 말한다. 주식을 하면 큰일이나 나는 것처럼 뜯어 말리는 사람도 많다. 실제로 주식 투자로 인해 많은 재산을 잃은 사람들이 주변에 많다. 우리가 주식에 대해 부정적으로 생각해왔던 것은 어쩌면 제대로 된 투자가 아닌 '마켓 타이밍'만 했기 때문이 아닐까 반성해봐야 한다. 대부분의 사람들이 제대로 된 투자를 하지 않았기 때문에 주식투자에 대한 이런 오해가 붙어 다니는 것이 아닐까 하는 안타까운 생각이 든다.

많은 사람들이 일반적으로 생각해왔던 예금이라는 '원금보장' 상품이 가장 위험한 투자이고, 주식 같은 가장 위험한 투자가 가장 안전한 투자라는 이 주제에 대해 다시 한번 깊이 생각해봐야 할 것이다.

우리는 반드시 돈이 스스로 일하게 하는 방법을 생각해야 한다. 내가 자는 동안에도 일을 하도록 만들지 않으면 평생 일을 해야 할지도 모르기 때문이다. 그나마 다행인 것은 사람의 노동력은 한계가 있기 때문에 계속해서 일을 할 수 없지만, 돈은 잠을 자지 않고도 일을 할 수 있다는 점이다. 따라서 우리에게는 노동으로 종잣돈을 모아 돈을 일하게 만들어야 한다는 숙제가 주어진다.

> "누군가가 당신의 노후를 위해 일하고 있지 않다면 당신은 영원히 일해야 할 것이다."
>
> – 워런 버핏

청약통장은 보물통장

얼마 전 떠들썩한 분양 소식이 있었다. 바로 강남의 핵심요지에 메이플자이가 청약을 하였던 것이다. 메이플자이의 특별공급에는 엄청난 사람들이 몰려들었다. 25평 분양가가 17억이나 하는 부동산을 사려고 기다리고 있는 사람들이 이렇게나 많다니 놀라지 않을 수 없었다.

바로 앞에 있는 래미안 원베일리 59㎡의 24년도 실거래가가 30억이 넘는다는 점을 감안해 본다면 당첨되는 순간 10억 이상을 벌 수 있는 기회란 것을 알 수 있다. 그야말로 로또 당첨 기회인 셈이다. 이곳 1순위 청약에 청약통장 3만 6,000여 개가 몰려 442.32대 1을 기록했다고 한다. '금수저가 세상에 정말 많구나. 나와는 상관없는 일이야'하고 남의 일처럼만 생각하지 말자.

'그럼 어떤 대안이 있을까? 어떤 준비를 해야 이 대어를 낚을 수 있을까? 그리고 그들은 어떤 사람들인가?'하는 궁금증이 생길 수 밖에 없다. 금수저가 아닌 일반적인 사람이 이 아파트를 분양받을 수 있는 방법은 없는지 현실적인 가정을 해보았다. 목표를 크게 하면 그 아래 목표는 쉽게 달성할 수 있는 법이다. 강남 입성의 목표! 과연 아무것도 물려받은 것도 없는 직장인 흙수저들도 가능한 것인지 한번 살펴보자.

현실적으로 메이플자이에 당첨되려면 세 가지가 필요하다. 바로 재정 능력, 청약 가점, 운이다. 하지만 운도 준비된 자에게 오는 법이다. 우리는 대어를 낚기 위해 종잣돈과 청약가점을 높이는 황금 전략에 집중해 볼 필요가 있다.

분양으로 강남에 입성하기 위한 현실적인 전략

지금부터라도 200만 원씩 15년간 매달 S&P ETF에 적립해보자. 매달 꾸준히 적립을 하다보면 15년 후 세금을 제하고도 14억 4,801만 원은 모을 수 있다. 이와 함께 청약통장에 10만 원씩 15년간 납입을 한다면 납입 기간도 인정받기 때문에 가점도 높일 수 있다.

마음이 급한 사람들은 이 말이 귀에 들어오지 않을 것이다. 하지만 강남 입성이 아니라면 짧은 기간을 준비하더라도 기회를 노릴 수 있는 곳은 많이 있다. 다만 늦었다고 체념은 하지 말기를 마란다. 늦었다고 생각할 때가 가장 빠른 때이기 때문이다. 지금부터라도 현명하게 종잣돈을 모으고 청약에 당첨될 수 있는 방법을 생각해보자.

만약 자녀가 있다면 자녀가 태어났을 때부터 매달 50만원씩 미국 S&P 지수를 추종하는 ETF를 25년간 꾸준히 사서 모아보자. 연평균 수익률 16.23%를 적용하여 세금 비용을 빼면 25년 후 세금을 빼면 17억 7,532만 9,289원을 수령하게 된다. (참고로 S&P지수는 2024년 2월 9일 기준 5,026.61USD이며, 25년 전에는 1,238.33USD였으니 누적 수익률 405.918%이다. 즉, 매년 평균수익률이 16.23%를 기록하였다.)

메이플자이 25평 분양가는 17억 4,200만 원이니 당첨되기만 한다면 계약금 20%, 중도금 60%, 잔금 20%까지 여유롭게 낼 수 있다. 그것도 25세의 젊은 나이에 말이다.

청약 당첨되는 확률을 높이는 황금 전략

모두가 부러워하는 아파트를 분양받기 위해서 자금만 가지고 있다고 분양을 받을 기회를 얻을 수는 없다. 청약 요건이 맞아야 가능하다.

청약 규정은 규제지역이냐 비규제지역이냐에 따라 조건이 달라진다. 이 책에서는 규제지역 민영주택 1순위 청약조건만 살펴보겠다.

〈규제지역 민영주택 1순위 조건〉

1. 세대주만 청약이 가능
2. 무주택자 또는 1주택자

3. 모집공고일 기준 과거 5년 이내 청약 당첨 이력이 없는 세대

4. 해당 지역 2년 이상 거주자

5. 청약통장 가입기간 2년 이상

TIP : 민영주택 일반공급은 비규제지역의 경우 1주택 이상을 소유해도 1순위 청약이 가능하다.

〈지역별 예치금액〉

구분	청약예금		
	서울/부산	기타 광역시	기타 시/군
85㎡	300	250	200
102㎡	600	400	300
135㎡	1,000	700	400
모든 면적	1,500	1,000	500
구분	청약부금 (85㎡ 이하의 주택에만 청약신청 가능)		
	서울/부산	기타 광역시	기타 시/군
85㎡	300	250	200
102㎡	청약부금으로 민영주택 2순위 청약 시에는 예치금에 관계없이 모든 주택 규모 청약 가능		
135㎡			
모든 면적			

〈출처 : 청약홈〉

〈유의사항〉

- 민영주택의 경우는 청약통장 가입 후 '투기과열지구'는 2년, 수도권은 1년, 비수도권은 6개월이 경과하여야 1순위 요건

이 갖춰진다.

- 국민주택의 경우는 민영주택의 요건에 추가로 납입횟수도 충족하여야 한다. (투기과열지구 24회, 수도권 12회, 비수도권 6회)
- 아래 무주택기간 적용기준을 숙지하여 무주택자 적용기간을 최대한 인정받자. 30세 이상이라면 세대 분리도 고려해 보자. 일찍 결혼한다면 더욱 좋다. (15년 이상 무주택 유지시 최대 32점)
  - 무주택자 여부는 세대에 속한 자 전원이 무주택이어야 한다.
  - 무주택기간은 청약신청자 및 그 배우자의 무주택기간으로 산정된다.
  - 주택을 소유한 세대(분양권 등 포함)와 만 30세 미만 미혼 무주택자는 0점이다. 단 30세 이전에 혼인을 하면 혼인 신고일부터 무주택기간이 인정된다.

- 청약통장 개설 기간은 길면 길수록 좋다. 통장을 해지하지 않고 15년 동안 유지한다면 최대 점수(17점)를 인정받을 수 있다. 최근 미성년자의 청약통장 가입 인정기간도 2년에서 5년으로 늘어났으니 자녀가 중학생이 되면 청약통장부터 가입해 두자.
- 부양가족이 많으면 최대 35점(6명 이상)을 인정받을 수 있다. 부부는 세대가 분리되어 있어도 부양가족에 포함되며, 부모

님은 주민등록표등본에 3년 이상 등재되어 있어야 부양가족으로 인정된다.

- 주택청약통장의 월 인정액이 10만 원에서 25만 원으로 늘어난다.
- 청약예금, 청약부금, 청약저축을 주택청약종합저축으로 전환하여도 기존 납입실적이 인정된다.

청약은 적은 금액으로 새집에 입주할 수 있도록 좋은 기회를 만들어 준다. 주변에서 무주택자로 있다가 청약에 당첨되어 자산이 한방에 퀀텀 점프하는 경우들을 종종 볼 수 있다. 지인의 경우도 10년 이상 무주택자를 유지하면서 과천지역 분양을 노려 청약에 도전하였다. 그 결과 예비 당첨이 되어 한방에 10억 이상의 수익을 거머쥘 수 있었다.

좋은 입지의 새집은 많은 사람들이 입주하고 싶은 곳이다. 청약 전략을 잘 공부한다면 이 청약통장이 보물 통장으로 변해 여러분의 자산을 점프업 시켜줄 것이다. 청약제도는 자주 개편이 되므로 사전 공부가 필수적이다. 청약홈을 자주 방문하여 확인해 볼 것을 추천한다.

청약홈 홈페이지(www.applyhome.co.kr)에 접속하면 공고단지에 대해 청약 연습을 할 수 있다. 미리 청약가점도 계산해 볼 수 있으므로 청약을 계획하고 있다면 꼭 이 메뉴를 활용해 볼 것을 권한다.

월세나 전세로 살아볼까?
전세사기 예방을 위해 꼭 알아야 것

최근 빌라왕의 전세사기 이슈로 온 나라가 떠들썩하다. 집값이 하락하는 시기에 내 돈을 잃지 않기 위해 집을 사지 않고, 안전하다고 굳게 믿었던 전세금을 받지 못하는 일들이 발생하기 시작하자 이 문제는 사회적인 이슈가 되었다. 역전세로 불거진 이 사건으로 죄 없는 청년들이 힘들게 한 푼 두 푼 모은 전 재산을 모조리 날려버리게 되었다.

왜 이런 일들이 벌어지게 된 것일까? 전세라는 제도는 전 세계에 우리나라에만 유일하게 있는 제도로서, 집을 마련하기 전 디딤돌이 되어 좋은 역할을 하고 있다. 필자도 전세를 살았던 적이 있었다. 우리 부부는 전세 계약을 하면서 전세자금은 만기 때 틀림없이 모두 돌려받는 돈이라며 위안을 하였다. 하지만 과연 전세가 우리가 생각하는 것만큼 안전한 것일까? 최근 벌어진 빌라왕 사건은 전세가 결코 안전한 것은 아니란 것을 알게 해주었다.

일반적으로 부동산 시장이 좋지 않은 시기에는 전세 물량이 많지 않다. 많은 사람들이 집을 구매하는 것보다 전세로 사는 것을 선호하기 때문이다. 그렇기 때문에 매매가격은 그대로거나 하락하지만 전세가격은 그대로거나 오히려 올라가는 경우도 많다. 그래서 부동산 하락장에서는 전세가격과 매매가격의 차이가 적어지는 현상이 발생한다. 그리고 미래가치가 높지 않은 빌라나 오피스텔 같은 경우는 전세가와 매매가의 차이가 거의 없는 경우들이 많다.

이를 악용하여 돈을 버는 사람들이 생겨난 것이다. 그들은 매매가격보다 전세가격이 높다는 점을 악용하여 세입자에게 돈을 받아서 그 돈으로 집의 개수를 늘려갔다. 한 채에 천만 원씩만 하더라도 수백 채면 큰돈이 되기에 이를 악용한 것이다. 건설업자는 잘 팔리지 않는 집을 그런 식으로 팔아넘겼고, 부동산 공인중개사는 이를 묵인하였다. 결국 피해자는 전세 세입자였다.

이 사건은 사회에 큰 파장을 일으켰다. 국가에서는 전세제도의 미비한 점을 뒤늦게나마 보완하느라 세입자가 임대차계약을 할 때 임대인의 체납을 확인할 수 있도록 법적인 장치를 마련하였다. 이 사건으로 세입자는 매매가보다 더 비싼 전세는 위험하다는 사실을 알게 되었으며, 이런 집에 전세를 들어가는 것이 좋지 않은 결과를 가져올 수 있다는 사실을 깨달았다.

사회초년생 시기에 어렵게 모은 돈을 다 날리는 것만큼 마음 아픈 일은 없다. 우리는 전세 계약을 해야 한다면 무엇을 알아야 하는지 꼭 공부할 필요가 있다. 공인중개사가 많은 부분에 대해 안전장치를 마련해주지만 당신의 모든 것을 다 지켜주지 않는다. 「공인중개사법」 제30조에 따르면, "고의 또는 과실로 인해 거래당사자에게 손해를 입히게 되면 그 손해를 배상할 책임이 있다"라고 되어있다. 개인 개업공인중개사의 경우는 그 한도가 2~3억 정도이며, 사고가 발생하여도 그 돈을 다 받을 수 없을 가능성도 있다. 그 공인중개사의 과실 비율을 따져서 '2억× 그 비율'에 해당하는 금액만 받을 수 있기 때문이다. 슬프게도 부동산 계약시 받았던 보증보험증서는 내 돈을 완전히 지켜주지 못한다.

내 돈을 잃지 않는 것도 재테크다. 내 돈을 지킬 수 있어야 내 돈을 불릴 기회도 가질 수 있는 법이다. 그렇다면 그 누구도 지켜주지 못하는 내 돈을 안전하게 지키려면 어떤 것을 알아야 할까?

첫 번째, 임대차 계약하기 전, 계약하려는 부동산의 등기부등본을 떼본다. 요즘 공인중개사 사무실에서 기본적으로 등기부등본을 떼서 확인을 해주겠지만 앞서 말하였듯이 내가 직접해 보는 것이 가장 좋다. 부동산 등기부등본은 등기소에 방문하든가, 대법원

인터넷 등기소에서 누구든지 열람을 청구할 수 있다. 이를 통해 계약금 입금을 위해 전달받은 계좌번호의 예금주명이 등기부등본에 나온 소유자가 맞는지 확인을 해보자. 또한 계약할 때 신분증 대조를 통해 본인 여부를 확인해야 한다.

필자가 과거에 전세 계약을 했을 때 소유자와 다른 분이 와서 신분증 대조 없이 계약하려고 한 적이 있었다. 그때 소유자의 아버지가 나오셨기에 본인이 아니므로 위임장과 인감증명서를 가지고 왔냐고 물었다. 알고 보니 소유자는 외국에 거주하고 있어서 한국으로 올 수 없는 상황이었고, 인감증명서도 뗄 수 없는 상황이었다. 상황이 복잡해지자 이를 무마하고 싶었던 공인중개사는 "내가 이 동네에서 오랫동안 거래를 해왔지만 문제 생긴 적이 한 번도 없고, 어짜피 보증보험이 있어 문제가 없으니 안심하세요"라고 말하였다.

하지만 진짜 그럴까? 위에 언급한 것처럼 보증보험이 전세금을 전부 보호해줄 수도 없고 나는 소유자가 아닌 다른 사람과 계약을 한 것이므로 만의 하나라도 진짜 소유자가 나와서 나는 계약한 적이 없다고 하면 내 돈을 돌려받기가 힘들 수 있다. 우리 부부는 여러 번의 실랑이 끝에 중개사 사장님 말은 믿을 수 없으니, 재외공관에서 영사관 확인을 받은 인감증명 서류와 위임장을 요구하였고 국제우편으로 서류를 받아 계약을 진행하였다.

일반적으로는 소유자와 다른 사람이 와서 계약을 할 때는 위임장과 인감증명서를 첨부하여야 한다는 점을 꼭 기억하길 바란다. 또한 위임장의 인감도장과 인감증명서상의 도장이 동일한지도 확인해보자. 위임장의 대리인이 현장에 온 사람과 동일인인지 신분증 대조로 확인해보는 과정도 잊지 말자.

두 번째, 저당권 여부, 압류 여부를 확인해봐야 한다. 임대차 계약하기 전 가압류나 저당권, 압류가 걸려있는 경우 경매에 넘어가는 불상사가 생기면 내 보증금을 온전히 보전받기 어려워질 수 있다. 따라서 대법원 인터넷 등기소에서 등기부등본을 떼서 해당하는 집에 압류, 저당권 등의 기록이 있는지 살펴봐야 한다.

대부분의 경우 부동산 중개사무소에서 철저하게 확인하고 계약을 진행하겠지만 계약 전 내가 거래를 하게 될 공인중개사의 업무 전문성과 신뢰성을 다 파악하기란 쉽지 않다. 내 돈을 지키는 노력과 반드시 숙지하여야 할 몇 가지 사실을 공부한다면 피 같은 내 돈을 지키는 데 큰 힘이 될 것이다.

2부. 불로소득의 최적 루트를 찾아라

5장

신혼 부부, 내 집 마련 최적 루트

결혼 후 첫 내 집 마련을 위해 고려해야 할 사항

얼마 전에 결혼한 지인이 내 집 마련 때문에 고민이 많았는지 상담을 요청해왔다. 두 사람이 종잣돈으로 모은 돈이 1억 5천만 원인데 이 돈으로 집을 사려면 어떻게 해야 하는지에 대한 고민이었다. 신혼부부 특공의 기회가 1년 후에 끝나는데 좋은 위치에 분양하는 곳은 분양가가 너무 비싸고 딱 조건에 맞는 분양아파트를 찾기도 힘들다는 것이다. 그래도 꼭 신혼부부 특공의 기회를 날려버리는 것은 아깝기에 이 특공 기회를 활용하여 어디에 분양을 받는 것이 좋을지에 대한 고민이었다.

그 질문에 대한 나의 대답은, 신혼부부 특공을 활용하는 것도 좋지만 어중간한 위치의 25평형 분양 아파트만 보지 말고 더 상위 입지의 34평형 구축아파트도 함께 알아볼 것을 추천하였다. 두 가지 아파트를 비교하고 저울질해서 더 좋은 선택을 하라는 말이었다. 결국 지인은 신혼부부 특공 기회가 아깝다며 추천해줬던 구축아파트를 알아보러 가보지도 않고 신축아파트에 청약 넣어서 당첨이 되었다.

하지만 "무조건 신혼부부 특공을 쓰는 것이 좋은거 아닌가요?"라고 질문한다면, "어느 아파트건 입지가 가장 중요하기에 기본적인 입지분석을 통한 비교 분석이 반드시 필요하다"라고 답하겠다. 물론 청약은 집을 사는 데 있어 좋은 수단임에 틀림없다. 더군다나 신혼부부는 특별공급의 기회가 있으니 일반 사람들보다 더 좋은 기회를 가지고 있다.

TIP

예전에는 자녀수에 따라 가점이 매겨지기 때문에 무자녀 신혼부부는 인기지역에 당첨되기에 쉽지 않았다. 이럴 때는 생애최초특공의 기회도 있으니 활용해보길 바란다.

'무조건 신혼부부 특공으로 새집을 사는게 좋을거야', '반드시 이 기회를 활용하겠어'라는 생각에서 벗어나야 더 좋은 선택을 할 수 있다. 예를 들어 상위 입지의 구축아파트이지만 미래 발전 가능성이 있고, 오래 보유하였을 때 재건축 사업성까지 좋다면 어중간한 입지의 새 아파트보다 훨씬 더 좋을 수 있다.

조정장에서는 25평형 신축아파트는 하방지지가 튼튼한 편이다. 작은 평형이기 때문에 조정장에서도 크게 떨어지는 일이 없다. 하지만 상승장에서 평형이 클수록 더 큰 격차를 벌이게 된다. 만약 작은 평형 아파트를 소유하고 있다면 조정장에서 갈아타기를 시도해보는 것도 추천할 만하다. 부동산 조정장에는 적은 가격 차이로 더 넓은 평형으로 옮겨탈 수 있는 기회가 되는 시기이기도 하다.

신혼부부의 경우 아이가 초등학교에 가기 전에는 비교적 자유롭다. 아이를 키우게 되면 아이를 기르기에 좋은 환경을 찾게 되겠지만 아이가 없을 때는 상대적으로 거주지의 선택에 있어 자유롭다. 이 점을 활용하여 주거비용을 아껴보자. 내가 가진 종잣돈이 너무 적다면 아이가 초등학교 가기 전에 입주를 하는 것을 목표로 전세를 껴서 사놓는 것도 고려해볼 수 있다. 내가 살 수 있는 최고의 좋은 집을 구매하는 것에 초점을 맞추자. 신축은 시간이 지나면 구축이 되지만 입지는 변하지 않는다. 입지가 좋은 구축은 재건축, 리모델링으로 신축으로 탈바꿈하기도 한다.

좋은 입지를 기준으로 선택을 하게 되면 자산가격 상승기에 더 큰 이익을 볼 수 있다. 그리고 시간이 가면 갈수록 입지가 좋은 집이 더 오르기 때문이다. 좋은 입지의 집은 한정되어 있지만 많은 사람들이 선호하기 때문에 하락장에서도 가격이 쉽게 떨어지지 않으며, 상승장에서는 더 크게 오르는 특징을 가지고 있다.

그렇다고 급하게 생각해서 무리하게 대출을 받는 것은 금물이다. 무리한 대출은 위험하기도 하지만 삶의 질도 떨어트린다. 감당할 수 있는 선에서 소득수준에 맞는 대출을 받는 것이 안전하다.

관심을 가지고 공부하다보면 기회는 늘 생기기 마련이다. 평소 호갱노노, 아실, 네이버 부동산과 같은 부동산 플랫폼을 살펴보고, 배우자와 함께 주말마다 데이트 겸 현장 답사를 다니는 것을 일상화한다면 한층 보는 시야도 넓어질 것이다.

〈집을 고를 때 고려해야 하는 체크리스트〉

- 아파트 단지 규모가 큰 곳
- 일자리가 많은 지역의 아파트
- 아파트 브랜드 파워가 좋은 곳
- 주변 녹지공간이 있는 곳
- 주차대수가 넉넉한 곳
- 직장과의 교통편이 편리한 곳(역세권)
- 학군이 잘 갖춰진 곳
- 마트 등 편의시설이 잘 갖춰져 있는 곳

• 향후 개발 호재가 있는 곳

내 집 마련을 위해 어떤 점을 고려해야 할지 막막한 신혼부부들을 위해 체크리스트를 준비해 보았다. 위의 체크리스트를 하나씩 살펴보면서 부동산을 보는 눈을 키워보자. 부동산은 한번 구입하면 거래비용 때문에 샀다가 파는 것이 쉽지 않다. 처음 거주하는 곳이 어디냐는 미래의 자산 형성에 중요한 영향을 미친다.

물론 지금 당장 사고 싶은 부동산을 사기 어려울 수 있다. 처음부터 원하는 집에 입주할 수 있는 경우는 드물다. 하지만 갈아타기 전략을 통해 노력하다 보면 원하는 부동산을 살 수 있는 기회도 생길 것이다. 현재 가용 가능한 예산으로 최선의 선택을 하는 데 집중하자.

새집이 최고지, 특별공급 백분 활용하기

새집을 저렴하게 취득하는 방법에는 두 가지가 있다. 오래된 집을 재건축하여 새집으로 받는 경우와 신규 분양을 받아서 새집으로 입주하는 방법이다. 재건축은 일반적으로 전세가가 낮아 취득하는 데 초기 자본이 많이 들어간다. 또한 재건축이 진행되어 새집에 입주하기까지 오랜 시간이 걸린다는 단점이 있다. 분양이 가장 좋은 것은 아니지만 적은 비용으로 새집을 살 수 있다는 점에서 메리트가 상당히 크다.

신규 분양은 지금 당장 분양가의 10%만 있어도 새 집을 구입할 수 있으며 재건축에 비해 빠른 시기에 입주가 가능하다. 더구나 자본이 부족한 사람들은 입주 시점까지 3년 정도 돈을 모을 수 있는 시간적 여유가 주어진다. 소득만 있다면 중도금은 대출을 받으면 되기 때문이다. 특히나 공공택지 분양의 경우에는 상대적으로 저렴한 분양가가 책정이 되어 자본이 넉넉하지 않은 신혼부부에게는 더욱 좋은 기회가 될 수 있다.

특별공급의 종류는 여러 가지가 있다. 이 중 신혼부부에게는 평생 1회 당첨의 기회가 주어지는 신혼부부 특공의 기회가 있다. 입주자 모집 공고일을 기준으로 혼인 기간이 7년 이내인 부부라면 전용면적이 85㎡를 넘지 않은 한도 내에서 특별공급에 지원할 수 있다. 지금은 최근 저출산 문제가 사회적 이슈로 떠오르면서 신혼부부에게 유리하게 청약제도가 개편되었다. 상황에 맞는 청약 전략을 잘 짜본다면 분명 좋은 기회를 얻을 수 있을 것이다.

각자 여건에 따라 신혼부부 특공이 아니더라도 신생아 특공이나 다자녀 특공을 활용할 수 있다. 신혼부부와 생애 최초 특별공급 조건에 해당이 되면서 2년 이내 출생한 자녀(태아 포함)도 있다면 2024년 신설된 신생아 우선공급의 기회가 있다.

또한 아이가 없는 신혼부부라면 신혼부부 특공을 넣어도 되지만 서울의 인기 단지의 경우는 무자녀, 1자녀는 당첨이 쉽지 않은 것이 현실이다. 이런 경우는 특별공급 당첨자 중 10~20%의 부적격 발생자에 따른 예비당첨을 기대할 수 있다.

생애 한 번도 주택을 구입한 적이 없다면 생애최초 특공 기회를 활용해보는 전략을 취할 수 있다. 생애최초 특별공급은 연령대와 상관없이 일정 수준의 소득, 자산 기준만 맞는다면 누구나 참여할 수 있고, 100% 추첨이다. 따라서 신혼부부이지만 자녀가 없어서 가점이 낮다면 생애최초 특별공급이 훨씬 유리할 수도 있는 것이다.

만약 아이가 두 명 이상이면서 신혼부부이지만 신혼부부 특공에서 소득기준으로 설정한 기준보다 소득수준이 높아서 신혼부부 특공을 넣을 수 없다면 다자녀 특공에 도전해 볼 수도 있다. 올해부터 두 자녀 이상 다자녀 특공이 가능하며 민영주택의 경우 신혼부부 특별공급과 달리 소득이나 자산 기준을 적용하지 않기 때문이다.

〈상황별 청약 전략〉

현재 상황	청약 전략
아이가 없는 신혼부부, 처음 집을 사는 경우	신혼부부 특별공급, 생애 최초 특별공급
아이가 없는 신혼부부, 기존 주택구입 이력 있는 경우	신혼부부 특별공급
아이가 하나인 신혼부부	신생아 특별공급, 신혼부부 특별공급
아이가 둘 이상인 신혼부부, 소득수준 높음	다자녀 특별공급
아이가 둘 이상인 신혼부부, 소득수준 낮음	신혼부부 특별공급

신혼부부 특공을 지원하기 전에 주의할 점은 신혼부부 특공은 소득요건을 확인해 봐야 한다는 것이다. 부부 합산 약 1억 6천만 원으로 변경되어 많은 신혼부부가 혜택을 볼 수 있을 것이다. 이제는 결혼을 해야 청약에 당첨될 확률이 높아지도록 변경되었다. 또한 결혼을 하게 되면 배우자의 통장 가입 기간도 점수를 더할 수 있다는 점은 2024년 청약제도가 개편되면서 달라진 내용이다.

또한 과거에는 부부가 둘다 청약을 하였을 때 중복으로 신청하였다면 양쪽 모두 부적격 처리를 하였지만 이제는 부부가 중복으로 청약 신청을 한 후 둘 다 당첨이 되었다면 우선 신청건에 대해서는 인정해 주는 것으로 바뀌었다. 혼인 전에 주택을 소유하거나 청약에 당첨된 이력이 있더라도 입주자공고일 현재 무주택이라면 신혼부부, 생애 최초, 신생아 특별공급 청약이 가능하다는 점도 달라진 점이다. 많은 부분에서 결혼한 신혼부부에게 유리한 방향으로 변경된 것이다.

돌다리도 두드리고 건너야…. 청약 미리 연습하기

한국부동산원 청약홈에서는 미리 가상 청약체험을 해볼 수 있는 기능이 있다. 아주 오래전 남편에게 청약을 하라고 했더니 원래 신청하려는 타입이 아닌 다른 타입을 신청한 적이 있었다. 처음 청약에 도전했던 터라 긴장이 되었나보다. 하지만 실수라고 해서 다시 청약할 수 있도록 기회를 주지는 않는다. 비록 실수라 하더라도 어쩔 수 없다.

이렇게 단순한 실수로 원하지 않은 평형에 당첨이 되거나 자격요건을 잘못 확인하여 부적격 처리가 되거나 청약을 포기하는 경우는 생각보다 흔하다. 따라서 도전하려는 청약이 있다면 자격 조건은 맞는지 지원하려는 평형이 맞는지 청약홈에서 미리 연습해 보길 바란다.

바쁜 일상으로 청약 일정을 자주 놓친다면 청약홈에 있는 청약캘린더와 청약 알림서비스를 활용해보자. 청약홈에서는 알록달록한 색깔로 특별공급, 1순위, 2순위, 무순위 일정을 깔끔하게 정리해놓은 청약캘린더가 있다. 이 청약캘린더를 출력해서 책상 앞에 붙여놓고 수시로 청약 일정을 체크해보자. 더불어 청약 알림서비스를 통해 관심지역을 설정해 놓자. 그러면 관심지역의 분양소식을 수시로 문자로 알려주기 때문에 청약일자를 놓치지 않을 수 있다.

구축 아파트 살 때, 미리 알면 좋은 것은?

경제적 여력이 돼서 좋은 입지의 새 아파트를 사면 좋겠지만, 누구나 그럴 수는 없다. 또한 오래된 도시의 갖춰진 인프라의 매력은 무시할 수 없다. 그렇다면 편리한 인프라를 누리면서 미래가치를 품은 집을 사는 방법은 없을까?

물론 방법이 있다. 그동안 '주변에 전철역이 있고, 초중고가 있고, 대형 마트가 있어서 살기 좋다'라는 생각에서 조금 더 확장하여, 아파트가 품고 있는 대지가 어떤 용도지역인지, 추후 재건축 사업성은 있는지까지 볼 수 있는 눈을 길러보자.

30년 가까운 연식이 된 구축 아파트는 해당 단지가 품고 있는 땅의 가치와 용적률에 따라 가치가 달라진다. 바로 옆에 붙어 있는 단지라고 할지라도 재건축 호재가 이슈화되면 수억원 이상 차이가 나기도 한다. 우리 눈에 명확하게 보이지는 않지만, 이 가격은 재건축 사업성이 반영된, 철저하게 계산된 가격이라고 할 수 있다. 또한 재건축 사업성이 좋은 아파트는 시간이 가면 갈수록 가치가 빛나기에 거래도 활발히 이루어진다.

땅의 용도지역을 아는 방법

모든 땅에는 용도가 있다. 아래 표를 통해 1~3종 주거지역과 준주거지역에 대해 살펴보자. 용도지역은 토지이용계획열람(www.eum.go.kr)에서 지번을 검색하면 쉽게 지번에 해당하는 용도를 알 수 있다.

<table>
<tr><th colspan="3">용도지역 구분</th><th>용적률</th></tr>
<tr><td rowspan="6">주거지역</td><td rowspan="2">전용주거지역</td><td>제1종 전용주거지역</td><td>50% 이상 100% 이하</td></tr>
<tr><td>제2종 전용주거지역</td><td>100% 이상 150% 이하</td></tr>
<tr><td rowspan="3">일반주거지역</td><td>제1종 일반주거지역</td><td>100% 이상 200% 이하</td></tr>
<tr><td>제2종 일반주거지역</td><td>150% 이상 250% 이하</td></tr>
<tr><td>제3종 일반주거지역</td><td>200% 이상 300% 이하</td></tr>
<tr><td colspan="2">준주거지역</td><td>200% 이상 500% 이하</td></tr>
</table>

〈국토의 계획 및 이용에 관한 법률 참조〉

위의 표에서 보듯이 준주거지역이 가장 높은 용적률로 아파트를 지을 수 있으며, 1종 주거지역의 경우가 가장 낮은 용적률이 허용됨을 알 수 있다. 실제로 1종 주거지역에는 단독주택이나 빌라 등이 지어지고 있고, 일반적으로 2종 주거지역과 3종 주거지역에 일반아파트가 지어진다. 예컨대 A지역이 준주거지역에다가 현재

지어진 아파트가 용적률이 130%밖에 되지 않는다면 최대 300%까지 건축이 가능하므로 옆 지번 2종 주거지역과 비교하였을 때 같은 조건이라도 더 유리하다는 것이다.

가끔 뉴스에서 재건축할 때 종상향을 한다는 말을 들어보았을 것이다. 이 말은 2종 주거지역인 곳을 3종 주거지역으로 바꿔서 용적률을 높여준다는 것을 말한다. 최근 발표된 서울시 대개조 정책을 살펴보면 사업성이 낮아 재건축을 진행하지 못하는 곳들에 대해 종상향 등의 혜택을 준다고 하였다. 이렇게 하면 2종 주거지역이었을 때보다 재건축 사업성이 높아지기 때문이다. 앞으로 재건축 사업에 대해 호의적인 정책으로 재건축 이야기가 많이 나올 것이다. 그 이유는 재건축, 재개발을 하지 않고 일자리가 많은 서울과 수도권 지역에 공급을 늘리는 것이 한계가 있기 때문이다.

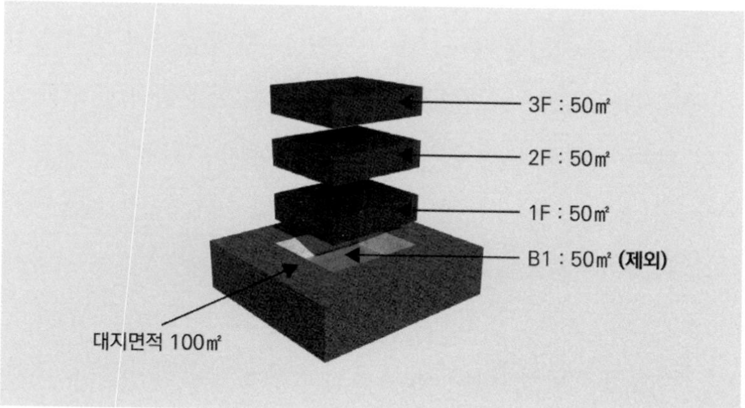

(지하 1층 제외)

$$\text{용적률} = \frac{\text{1층 + 2층 + 3층 (150m}^2\text{)}}{\text{대지면적 (100m}^2\text{)}} = 150\%$$

모든 땅에는 용도지역이 정해져 있고 용도지역에 따라 허용된 용적률이 달라진다. 용적률은 대지면적에 대한 연면적의 비율을 말한다. 즉 부지면적에 대한 건축물의 연면적의 비율을 말한다. 쉽게 말하면 대지면적 대비 얼마나 높게 지었느냐를 말하는 것으로 용적률이 높다는 말은 대지면적 대비하여 건물 층수가 높다는 것을 말한다. 용적률이 높은 아파트를 가보면 용적률이 낮은 아파트보다 빽빽하게 지어졌다는 느낌을 받을 수 있다.

여기서 우리가 알아야 할 사실은 현재 지어진 아파트의 용적률이 낮으면 재건축 사업성이 높다는 사실이며 용도지역이 3종 혹은 준주거라면 더 사업성이 높다는 사실이다. 즉, 아파트가 가지고 있는 대지지분이 크면 재건축 사업성이 좋아 추가분담금을 내지 않고도 새 아파트를 받을 수 있는 가능성이 높다. 따라서 아파트를 고를 때 대지지분을 보는 습관을 가지자. 대지지분이 큰 아파트는 시간이 갈수록 빛을 발하게 된다.

부연 설명을 하자면 대지별로 최대 용적율이 정해져 있다. 기존 아파트가 높은 용적률로 지어진 것이라면 추후 아파트를 부수고 다시 짓는다 하여도 기존 조합원들에게 돌아갈 집을 빼면 새로 분양할 물량이 얼마 남지 않기 때문에 기존 조합원들의 부담은 커지게 된다.

실제로 기존 조합원들의 추가분담금이 많이 들어갈 경우 반대 의견을 펼치는 주민들이 많아 사업이 순조롭게 진행되기가 어렵다. 건설사 입장에서도 사업성이 안 나오는 아파트에 좋은 조건을 내걸고 사업을 진행하기는 부담스러울 것이다.

그렇다고 중층 아파트가 재건축 가능성이 전혀 없냐면 무조건 그렇지만은 않다. 최근 1기 신도시들의 아파트가 노후화되면서 정부에서 용적률을 완화해주는 경우도 종종 있기 때문에 희망은 있다. 이때는 입지가 좋은 곳부터 허용해 줄 가능성이 높은 편이므로 좋은 입지를 보는 눈을 기르는 것이 우선이라 하겠다.

국토교통부에서 '노후계획도시 정비·지원에 관한 특별법'이 2024. 4월 시행되었다. 이 특별법 적용을 받는 구역에서는 용적률을 법적 상한의 150%까지 높일 수 있도록 하며, 이에 따라 주거지역에서는 최대 450%, 준주거지역은 750%까지 용적률을 높일 수 있게 된다. 또한 국토부에서는 1기 신도시에 대한 선도지구를 선정하여 빠른 진행을 하려는 의지를 보이고 있다. 이러한 정부 시책의 방향을 보았을 때 지금이야말로 노후 아파트에 대하여 관심을 가지고 지켜볼 만한 시점이다.

모를 때는 보이지 않았던 것들은 아는 것이 많아지면 많아질수록 더 잘 보이는 법이다. 조금 어려운 개념이라도 하나 둘씩 알아가다 보면 더 많은 것들이 눈에 들어오게 돼 있다. 아는 것이 힘이고 아는 것이 돈이 되는 세상이다. 관심을 가지고 공부하다 보면 미래가치가 있는 아파트를 구입하는 기회를 얻을 수 있다. 시간이 지날수록 가치가 빛나는 아파트, 생각만 해도 욕심나지 않는가?

6장

4050, 든든한 노후를 위한 준비

가입하지 않으면 후회하는 연금저축과 IRP

2023년 말 OECD에서 발표한 〈한눈에 보는 연금 2023〉에 따르면 OECD 가입국 중 노인 빈곤율이 40.4%로 한국이 압도적으로 1등을 차지하였다. 노인빈곤율을 쉽게 설명하자면 우리나라 노인의 월소득을 1등부터 꼴등까지 줄을 세웠을 때 중간값인 170만원 이하의 소득으로 사는 비율이 40%를 넘어간다는 말이다. 이제 국민 개개인이 든든한 노후를 위해 어떻게 준비해야 할지 심각하게 고민해 봐야 할 때이다.

2023년 〈KB골든라이프보고서〉에 따르면 노후에 기본적인 생활에 필요한 '최소 생활비'로 251만 원을, 그외 여행·여가활동·손자녀 용돈 등을 줄 수 있는 '적정 생활비'로 월 369만 원을 생각하고 있는 것으로 조사되었다. 2인 가구 월 최소 생활비 251만 원.

직장을 통해 가입한 연금으로는 노후에 최소 생활비를 충당하기에 충분하지 않다. 또한 우리나라 노년층의 자산의 80%는 부동산에 묶여 있다. 즉, 자산은 있다 하더라도 막상 쓸 돈은 없는 것이다. 조금이라도 젊을 때 노후에 쓰고 편하게 소비를 하기 위해서는 자산 배분을 유동성이 있는 연금 자산 등으로 리밸런싱해야 할 필요가 있다.

우리는 왜 노후를 위한 저축이 이렇게도 힘든 걸까? 인간은 미래보다 현재를 훨씬 더 소중하게 여기는 경향이 있다. 당장 지금 내 손 안의 돈이 10년 후의 훨씬 더 큰 돈보다 더 크게 느껴지도록 인간은 진화해 왔다. 노후를 위해 연금을 적립한다는 것은 결코 쉬운 일이 아니다. 따라서 강력한 유인책을 제시해 주지 않으면 현재 수많은 유혹으로 인해 노후 준비를 게을리할 가능성이 높다. 그렇다면 노후 준비를 위한 저축상품은 어떤 유인책을 가지고 있을까?

연금저축과 IRP의 막강파워 혜택

연금 저축과 IRP 상품은 연말정산 때 엄청난 세액공제 혜택을 받을 수 있게 하며, 과세이연 효과를 누리게 해준다. 또한 연금저축과 IRP계좌를 통해 수익률이 높은 ETF, 펀드 등에도 가입이 가능하다. 예를 들어, 총 급여 5,500만 원 이하를 받는 근로자가 연금저축에 연 600만 원과 IRP에 300만 원을 넣게 되면 세액공제율이 16.5% 적용되어 무려 148.5만 원을 돌려받게 된다. 총 급여가 5,500만 원 이상이라면 세액 공제율이 13.2% 적용되어 118.8만원을 돌려받게 된다고 하니 실로 엄청난 혜택이라고 할 수 있겠다.

연금저축과 IRP를 가입해야 하는 이유는 또 있다. 바로 과세이연 효과이다. 일반적인 직접투자로 배당금 1천만 원을 받는다고 가정하였을 때에는 배당소득세 15.4%를 낸 후 나머지 금액만 계좌로 받을 수 있다. 하지만 연금저축에 가입하면 배당금이 그대로 계좌에 입금되고, 55세 이후 연금 수령시 낮은 세율인 연금소득세 3.3~5.5%만 내면 된다. 장기적으로 투자하였을 때에는 복리효과로 그 격차가 크게 벌어지게 된다.

연금저축과 IRP의 결정적 차이점

두 상품은 비슷한 것 같으면서도 미세하게 다른 차이점을 가지고 있다. 구체적으로 연금저축과 IRP는 어떤 차이점을 가지고 있는지 살펴보자.

첫째, 연금저축은 계좌를 해지하지 않고도 중도인출이 가능하지만, IRP는 일반적으로 출금 자체가 되지 않는다. (인출가능 사유 6가지에 해당할 경우만 가능) 따라서, 연금저축은 자녀 이름으로 가입을 한 후 성인이 되어서 목돈이 필요할 때에는 자녀의 사업자금이나 주택구입 자금으로 출금이 가능하다. 또한 자녀가 연금저축을 이어받아서 노후 대비용으로 활용할 수 있다. 반면, IRP는 일반적으로 쉽게 출금하는 것이 어려우므로 중년 이후 노후를 위한 자금으로 활용하는 것을 추천한다.

둘째, 연금저축은 소득이 없는 사람도 누구나 가입이 가능하지만, IRP는 소득이 있는 사람만 가입이 가능하다. 즉 연금저축은 소득이 없는 갓난아기도 소득이 없는 주부도 가입이 가능하다. 반면 IRP는 소득이 있는 사람만 가입이 가능하므로 가입 시점에 소득 증빙을 해야 한다.

셋째, 연금저축보다 IRP가 좀 더 다양한 자산에 투자가 가능하다. 연금저축은 현금, 펀드, ETF, 리츠 자산에 투자가 가능하며, IRP는 현금, 펀드, ETF, 리츠뿐 아니라 예금, RP, ELS까지도 투자가 가능하다.

넷째, 연금저축은 연 600만 원까지만 세액공제가 가능하고, IRP는 연 900만 원까지 세액공제가 가능하다. 단, 연금저축과 IRP를 합하여 연 900만 원을 초과할 시에는 그 초과 금액에 대해서는 세액공제가 되지 않는다.

납입한도와 세액공제한도는?

우리는 지금까지 연금저축과 IRP에 대해 알아보았다. 그럼 이 상품들은 일 년에 얼마까지 납입이 가능할까? 정답은 연금저축과 IRP를 합산하여 1년에 1,800만 원까지 납입이 가능하다는 것이다. 만약 이것만으로 충분하지 않다면 ISA 계좌도 함께 활용하면 된다. 기존에 ISA계좌를 보유하고 있다면 연금저축계좌나 IRP계좌로 이전할 수 있는 연금전환제도가 있는데, 이를 활용하면 유일하게 1,800만 원 이상도 납입이 가능하다.

연금저축과 IRP의 세액공제는 합해서 연 900만 원까지만 가능하다. 세금적인 측면에서만 보았을 때 최대의 세금 혜택을 받으려면 연금저축에 연 600만 원과 IRP에 연 300만 원 투자하는 것이 가장 좋다. 만약 ISA계좌도 보유하고 있다면 ISA계좌에서 연금저축이나 IRP계좌로 연금전환을 하게 되면 추가 세액공제까지 가능하다.(세액공제 10%, 최대 300만 원)

예를 들어, 연금저축 600만 원, IRP 300만 원, ISA 연금전환 금액 300만 원이면 총 1,200만 원까지 세액공제 대상이 되며 16.5% 세율을 적용받는다고 가정하면 연 198만 원을 환급받을 수 있다. 직장인에게 제2의 월급이라 불리는 연말정산 혜택도 누리고 든든한 노후도 준비할 수 있는 상품이다.

소득 구분	총 급여	납입 한도	세액공제 대상금액		세액공제 한도	세액 공제율	세액 공제액
		연금저축 +IRP	연금 저축	IRP	연금저축 +IRP		
근로 소득 (공제전)	5,500만원 이하	1,800만원	600만 원	900 만원	900만원	16.5%	148.5 만원
	5,500만원 초과	1,800만원	600만 원	900 만원	900만원	13.2%	118.8 만원
종합 소득 (공제후)	4,500만원 이하	1,800만원	600만 원	900 만원	900만원	16.5%	148.5 만원
	4,500만원 초과	1,800만원	600만 원	900 만원	900만원	13.2%	118.8 만원

※ ISA계좌에서 연금전환시 추가 납입 가능, 추가금액 세액공제 10% 적용, 최대 300만 원 限

패시브인컴(월세수익) 만들기
: 자는 동안 돈이 들어오는 시스템

OECD국가 중 우리나라가 노인 빈곤률 1위를 차지하였다. 과연 무엇이 문제일까? 그 이유는 우리나라 사람들 대부분의 자산 포트폴리오가 부동산 위주로 구성되었기 때문이다. 겉으로 보기에는 고액 자산가이지만 자신이 부자라고 생각하지 않는 사람들이 적지 않다. 노후 빈곤률은 처분가능소득으로 기준을 잡는다. 이 때문에 우리나라 노인 빈곤률이 높게 측정된다. 대부분의 사람들이 목돈을 부동산에 묶어 놓았기 때문에 노후 생활을 위한 자금이 충분하지 않은 것이다.

부자의 기준은 개개인마다 다르다. 자산이 얼마인지도 중요하지만 여유로운 노후를 보내기 위해서는 현금흐름을 놓치지 말아야 한다. 누구나 일하지 않고도 돈이 꾸준하게 들어오기를 바란다. 물론 아무런 노력 없이 이렇게 되기란 불가능한 일이지만 최소한의 노력으로 현금흐름 시스템을 세팅해서 매달 현금흐름을 만들어낸 사람들은 분명 존재한다. 든든한 현금흐름 세팅에 성공한 사람들의 사례를 살펴보자.

패시브인컴 첫 번째 사례

A씨는 5년전 경매로 저렴하게 오피스텔 4채를 매수하였다. 여기서 매달 월세가 200만원씩 들어오고 있다. 최근에는 빌라 전세사기 사건으로 전세보다 월세를 선호하는 경향 때문에 월세가 귀해져서 월세 시세가 20만 원 더 올랐다고 한다. 이번 달에 만기가 된 후 신규로 월세 세팅을 하게 되면 다음 달부터는 280만원의 소득이 예상된다.

A씨는 지난해 아이스크림 무인 판매점을 오픈하였다. 아침마다 청소를 하는 수고로움이 필요하긴 하지만 하루 종일 매장을 지키지 않아도 매장 운영이 가능하다는 점은 큰 메리트이다. 이 매장의 운영 수익을 통해 평균 150만원 추가수익이 들어오고 있다. 매달 평균적으로 480만원이 들어오니 직장을 다닐 때와 비교해도 부족하지 않은 수입이다.

☞ 오피스텔과 무인판매점은 많은 사람들이 알고 있는 방법이다. 여기서 핵심 포인트는 입지 선정이다. 오피스텔은 주택수에 포함될 수 있어 매수에 신중을 기해야 한다는 단점이 존재하지만 여전히

큰 노력없이 월세를 받을 수 있다는 메리트가 존재한다. 최근 전세 사기 이슈로 인하여 수익형 부동산의 수익률은 더욱 좋아졌다. 일반적인 월세로 만족을 하지 못한다면 삼삼엠투와 같은 단기임대 중개플랫폼을 통해 수익률을 더 높이는 방법도 있다. 이 플랫폼은 주 단위 계약을 하기 때문에 1년, 2년 단위 월세계약보다 수익률이 훨씬 높다. 다만 수시로 관리를 해주어야 한다. 무인아이스크림점은 최근 인기를 누리면서 많은 매장이 생겨났다. 무인매장은 무인아이스크림점 뿐 아니라 무인문구점, 무인떡볶이점 등 다양한 형태로 생겨나고 있다. 무인매장은 소자본으로 창업이 가능하다는 점과 직접 매장에 상주하지 않아도 된다는 메리트가 있다. 하지만 어떤 창업이든 마찬가지지만 매장 위치에 따라 매출은 천차만별이므로 입지 선정만 잘한다면 든든한 추가 수입원을 만들 수 있다.

패시브인컴 두 번째 사례

C씨는 직장에서 매달 월급을 받으면 200만 원씩 꾸준히 배당주를 매수하였다. 이렇게 배당주를 모아온 지 벌써 15년째가 되었다. 총자산이 8억6천만 원 정도가 되었고, 연 배당소득이 3천만 원을 넘어섰다. C씨는 직장을 다니지 않아도 배당소득으로 기본적인 생활비를 충당하는 것이 가능하다고 판단되어 최근에 퇴사를 하였다.

☞ C씨는 무엇에 투자하였기에 총 자산 8억6천에 연 배당소득 3천만

원을 받을 수 있었을까? C씨는 많은 분들이 알고 있는 미국 SCHD ETF를 매달 15년간 꾸준히 매수하였다. C씨는 퇴직 후 추가납입을 하지 않는다 하더라도 자산과 배당소득이 매년 지속적으로 늘어날 것이다. [※ 배당주 투자는 매달 현금 흐름을 원하는 투자자에게 좋은 전략이다. SCHD ETF는 배당지급을 지속적으로 하는 미국 기업들에 투자하며, 1년에 4번 배당금을 지급한다. (2024.7.22일 기준) SCHD ETF는 배당률 3.49%, 배당성장률 11.01%, 연평균 수익률 10.4%이다.]

지금까지 여러 가지 패시브 인컴의 사례를 살펴보았다. 위에서 살펴본 예시 이외에도 실제로 다양한 수입을 창출하는 방법들이 존재한다. 핵심은 '이 세상에 돈 벌 것이 없다.'라는 생각을 '이 세상에는 돈 벌 것이 많다'라는 생각으로 전환하는 것이다. 우리의 뇌는 무의식이 90% 이상을 차지한다. 어떤 이들은 우리가 생각하는 대부분이 무의식으로 이루어져 있다고 말한다. '나는 할 수 있는 것이 없다'라고 생각하는 사람은 어떤 시도조차 하지 않는다. 하지만 '나는 잘 할 수 있다. 그리고 세상에는 내가 할 수 있는 것이 많다.'라고 생각하는 사람은 확장된 사고를 하기 때문에 다양한 방법의 아이디어를 떠올릴 수 있다. 즉, 성장 마인드셋을 가지고 유연한 사고를 하는 것이 중요하다.

성공한 사람들은 긍정적인 사고를 하는 경우가 많다. 나도 모르게 한계를 그어놓고 할 수 없다고 생각하면 어떤 시도조차 두렵고 자신이 없을 것이다. 하지만 '다른 사람들도 했는데 나도 할 수 있을 거야' 라고 생각한다면 도전을 할 용기가 생길 것이다. 이러한 인식의 전환을 통하여 새로운 것들에 도전해보자. 새로운 시도를 통해 구축한 돈이 들어오는 시스템은 여러분의 든든한 미래를 보장해 줄 것이다.

3부. 퇴직 전 30억 만들기 프로젝트

7장

직장인이라 좋은 점 활용하기

매달 꼬박꼬박 나오는 월급에 감사하자

어느 날 갑자기 매달 나오던 월급이 나오지 않는다고 상상해보자. 매달 나가는 변동 비용은 최대한 아끼고 줄인다 하더라도 꼭 지출해야 하는 고정비용들을 지출하지 못한다고 생각하면 아찔하다. 가까스로 기존에 모았던 돈을 끌어내서 메꿔놓아도 보지만 생활의 불안정성은 말할 것도 없고 기본적인 생계도 유지할 수가 없을 것이다. 미래를 설계하는 것은 언감생심 꿈도 꾸지 못한다. 하지만 매달 꼬박꼬박 나오는 월급이 있기 때문에 기본적인 생계를 유지할 수 있고, 미래에 집을 살 계획도 세울 수 있으며, 노후 준비도 할 수 있다.

미래 자금계획을 세울 수 있다

매달 고정적으로 수입이 들어온다는 것은 어떤 의미가 있을까?

어떤 사람은 한 번에 많은 돈을 벌기도 하고 어떤 사람은 적은 돈이지만 꾸준히 벌기도 한다. 매달 고정적인 수입은 미래의 불확실성을 줄여주기 때문에 자금계획을 세울 수 있다. 반면 부정기적으로 들어오는 돈은 다음에도 돈이 들어올 것이 불확실하기 때문에 계획을 세우더라도 지키기가 힘들 수 있다. 처음 월급을 받았을 때 월급이 매달 들쭉날쭉했다. 당시 월급의 대부분을 자동이체 해놓으면 편리했겠지만, 매달 수입이 다르니 그렇게 할 수가 없었다. 그래서 많이 나오는 달은 따로 예금 통장에 넣어놓고 적게 나오는 달에 모아놓은 예금으로 적금을 부었다. 그 이후 매달 같은 금액의 월급이 나오는 것으로 바뀌었었다. 비로소 느끼게 되었다. 매달 같은 금액의 돈이 꾸준히 들어온다는 것이 어떤 의미인지 말이다.

이처럼 고정적인 수입은 유동적인 수입보다 큰 가치를 지닌다. 월급의 가치를 폄하하지 말자. 매달 받는 돈의 가치는 우리가 생각하는 것보다 훨씬 크다. 우리는 이 중요성을 평소에는 크게 느끼지 못하다가 경제 위기가 오면 절실히 느끼게 된다. 외환위기 시절 수많은 가정에서 실업을 경험하였다. 꾸준히 들어오던 월급이 어느 날 갑자기 끊겼을 때의 고통은 많은 사람들의 마음속에 트라우마처럼 남아있다. 미래에도 계속적으로 월급이 들어올 것이라 생각했는데 갑자기 수입이 끊기는 상황이 되면 당장 생계도 어렵고 앞으로의 자금 계획에도 차질이 생기기 때문이다.

A씨는 1월은 1천만 원, 다음 달은 1백만 원, 그 다음 달은 6백만 원, 그 다음달은 50만 원의 현금흐름을 가지고 있다. 반면 B씨는 매달 450만 원씩 똑같은 월급을 받고 있다고 가정해 보자. 여러분은 A씨와 같은 현금흐름을 원하는가 아니면 B씨와 같은 현금흐름을 원하는가? A씨가 자금관리를 잘 하는 사람이어서 천만 원을 받은 달에는 꼭 필요한 돈만 쓰고 나머지를 저축하면 수입이 적게 들어오는 달에도 저축한 돈을 빼서 쓰면 될 것이다. 하지만 모든 사람들이 자금관리를 잘 하지는 못한다. 또한 매달 꾸준한 수입을 가지고 있으면 자동이체를 등록해 놓아도 되지만 그렇지 못하면 다른 방안을 생각해봐야 한다.

매달 꾸준한 월급은 자동저축 습관을 들이기에도 좋다. 매달 부정기적인 수입이었다면 자동저축시스템을 설정하기가 어렵다. 꾸준한 저축을 하기 위해서는 다른 방안을 고안해야 할 것이다. 즉 정기적인 수입은 자금관리 시스템에 쏟아부을 에너지를 절약할 수 있다. 그러니 매달 들어오는 월급에 감사하자. 직장인이어서 가지는 장점을 최대한 활용해 보자는 것이다.

투자를 할 때 직장인은 은행 대출에 유리하다

여러분이 집을 산다고 가정해 보자. 대부분의 경우 내 집을 마련할 때 전액 현금으로 구입하는 경우는 많지 않다. 은행에서 대출받으러 가면 채무자의 상환 여부를 따져볼 때 은행에서 꼭 살펴보는 것이 채무자의 직장 또는 사업에서 들어오는 수입의 확인이다. 즉 소득금액확인원 등 소득에 대한 증빙서류를 통해 소득의 존재 여부를 확인한다.

대출 심사를 할 때 채무자의 직장이 안정적이라면 더욱 유리하다. 직장이 안정적이란 것은 매달 들어오는 수입이 예측 가능하기 때문에 은행에서는 우량 고객으로 생각한다. 한마디로 큰 돈을 대출해주더라도 사고 없이 안정적으로 회수가 가능하다고 여기는 것이다. 따라서 안정적인 직장을 다니는 채무자에게는 상대적으로 더 낮은 금리로 대출을 받을 수 있는 우대 혜택을 준다.

은행은 왜 이렇게 사람마다 차별을 하는 걸까? 그 이유는 은행은 이윤을 추구하는 기업이기 때문이다. 은행이 대출을 하는 이유는 예대금리의 차를 통한 이윤 창출을 하기 위함인데 빌려준 돈을 받지 못한다면 은행의 손실로 이어질 수밖에 없다. 그렇기 때문에 냉정하게 채무자의 상환능력과 고정적인 수입 여부를 파악하여야 대출로 인한 사고 가능성을 줄일 수 있다.

만일 대출금이 회수되지 않아 은행이 손실을 잃게 되면 업무상 상환능력을 꼼꼼히 체크했는지 여부에 대한 업무상 과실은 없는지 확인에 들어간다. 그렇기 때문에 은행직원은 채무자가 안정적으로 대출금을 받아나갈 능력이 있는지 꼼꼼히 체크할 수밖에 없다. 매월 얼마를 버는지, 다니는 직장이 우량한지, 신용등급은 어떤지, 세금을 체납하지는 않았는지 등 우리가 생각하는 것보다 꽤 많은 정보를 바탕으로 대출 여부를 판단한다. 신용 대출은 물론이거니와 집 담보 대출임에도 불구하고 은행은 채무자에게 수많은 객관적인 자료들를 요구한다.

이처럼 직장인은 매달 꼬박꼬박 월급을 받아서 매달 수입과 지출을 일정하게 관리할 수 있다는 점에서도 큰 장점을 가지지만 대출을 받을 때도 대출금리, 대출한도 등 여러가지 면에서 자료 증빙을 쉽게 할 수 있어 유리하다.

대출도 능력이다. 레버리지 잘 활용하는 법

"누이를 사랑하고 매부가 크게 성공하기를 바란다고, 만약 내 친구인 마손과 나에게 현명하고 가능성 있는 계획을 제시할 수 있다면 기꺼이 금화를 빌려주겠다고 말일세. 만일 자네의 매부가 성공할 자질이 있는 사람이라면 입증해 올 걸세. 그리고 만약 입증하지 못한다 해도 일을 하면 갚을 수 있을 정도의 돈만 빌려주게나.

나는 내 장사에 사용하는 돈보다 더 돈이 많은 덕분에 대금업자가 된 걸세. 나는 돈이 남을 위해 쓰여지기를 바라지. 그러면 그 돈이 내게 더 많은 돈을 벌어다 줄 테니까. 나는 이 돈을 모으기 위해 열심히 일했고 이 돈을 위험에 빠뜨리고 싶지 않네. 따라서 안전하게 회수할 확신이 서지 않는 곳으로 돈을 보내는 위험을 무릅쓰고 싶지 않네."

– '고대 점토석판에서 발견된 5000년의 부' 중에서 –

누구나 자신의 돈은 소중하다. 돈을 빌려주는 사람의 입장이 되면 이 돈이 어디에 어떻게 쓰일지를 검증하는 일이 무척이나 중요하다. 그것을 검증하는 방법은 여러 가지가 있다. 그 사람의 소득 수준, 그 사람의 미래가치, 계속되는 수입의 예측가능성 등등 금융기관에서는 여러 가지 방법을 통해 대출상환능력을 꼼꼼히 따져본다.

만일 신용도도 좋지 않고, 담보도 없으며, 꾸준한 소득도 없다면 대출을 받기가 쉽지 않을 것이다. 하지만 신용도도 좋고, 확실한 담보도 있으며, 미래에도 꾸준한 수입이 있는 사람에게는 쉽게 대출을 해줄 것이다.

어쩌면 대출을 해주기 전 그 사람의 능력을 평가하는 것은 당연한 일이다. '왜' 금융기관이 이렇게 까다롭게 많은 자료를 요구하는 걸까?' 그리고 '왜' 대출을 해준 다음에도 지속적으로 나를 평가하는 걸까? 은행도 결국 이윤 추구 집단이다. 그렇기에 이 '왜' 라는 질문에 대한 대답은 확실하다. 상환능력이 있는 사람에게 대출을 많이 해주는 것은 당연한 이치이기 때문이다.

'왜 대출이 안나오냐'를 탓하기 전에 나 자신을 돌아보자. 그동안 신용관리는 잘 해왔는지, 돈 버는 능력이 좋은지, 안정적인 수입원이 있는지 말이다. 나 자신을 돌아보지 않고 사회만 비난한다고 달라지는 것은 없다.

돈은 신용이 있는 사람에게 흐른다. 신용이 없는 사람은 대출을 활용하여 부동산을 사고 싶어도 그럴 기회를 얻을 수가 없다. 반대로 신용이 좋은 사람은 저리의 대출을 활용하여 레버리지를 일으켜서 부의 씨앗을 심을 수 있다.

내 집 마련을 하려고 집을 산다고 치자. 형편에 맞게 내 돈으로 대출 없이 집을 살 수도 있겠지만, 좀 더 비싼 가격을 지불하게 되면 더 좋은 입지의 원하는 아파트를 살 수 있다. 내가 사고 싶은 아파트에 가면 우리 가족이 원하는 것을 더 많이 누릴 수 있다면 여러분은 어떤 선택을 하겠는가?

게다가 은행에서는 여러분의 신용을 믿고 저리로 장기간 대출을 해준다고 한다면 어떨까? '이 기회에 대출을 받아 좀 더 상위 입지의 집을 사서 부동산 가격도 많이 오르고 삶의 만족도가 높아질 수 있지 않을까?'라는 상상을 해볼 수 있을 것이다.

하지만 금융기관은 누구에게나 대출을 해주지는 않는다. 은행에 가서 대출 심사를 받아본 사람들은 알겠지만 대출도 사람마다 대출한도가 달라지고 이율이 달라진다. 그리고 어떤 사람은 대출 심사에 통과하겠지만, 어떤 사람은 대출 심사에서 탈락하기도 한다.

"어떤 사람에게든 돈을 빌려주기 전에 그 사람이 갚을 능력이 있는지, 평판은 어떠한지 확인해야 합니다. 힘들게 모은 보물 같은 원금을 상대에게 거저 선물로 주는 일이 없도록 하십시오."

– '5000년의 부' 중에서 –

대출을 해주는 입장에서 그 사람의 갚을 능력과 평판을 확인하는 일은 당연하다는 말이다. 대출을 받을 때 소득금액증명원을 떼가고 신용도에 대해 증명해야 하는 것은 당연지사인 것이다.

그렇다면 어렵게 받은 대출을 어떻게 활용할 것일까? 대출 받은 돈을 지렛대 삼아 집을 살 때 더 좋은 입지의 집을 구입해보자. 미래 가치가 있는 부동산을 구입하여 더 높은 사다리에 올라타 보자. 저리에 받은 대출금은 시간이 흐르고 흘러 현재의 가치보다 적어질 것이다. 과거 20년전의 1천만 원의 가치가 지금의 1천만 원의 가치와 다르듯이 말이다.

이것이 우리가 대출을 활용해야 하는 가장 중요한 이유이다. 부동산 가치는 시간이 흐를수록 커지지만 현금의 가치는 시간이 가면 갈수록 떨어진다. 그렇기 때문에 적정한 대출을 활용해서 좋은 부동산을 사서 레버리지 효과를 보는 것이다.

당신이 좋은 조건으로 대출을 받을 수 있는 사람이라면 축하한다. 부의 사다리에 좀 더 빨리 접근가능한 티켓을 얻은 것이니 말이다.

좋은 빚과 나쁜 빚은 무엇일까?

얼마 전 직장 선배가 은행에서 2억을 대출받아 주식 단타로 큰 돈을 벌었다고 하였다. 그이야기는 많은 사람들의 부러움의 대상이 되었고, 그 이후 직원들은 너도 나도 대출을 받아 주식 계좌를 만들었다. 그리고 모 직원은 지인이 코인에 투자해서 큰 돈을 벌었다는 이야기를 듣고 은행으로 달려가서 신용대출을 받아 코인에 투자하였다.

주변에서 대출을 받아 큰 돈을 벌었다는 말은 귀가 번쩍 뜨일 정도로 솔깃하다. 나도 그렇게 되었으면 하고 내심 바라는 심정은 누구나 같은 것이다. 하지만 그렇게 해서 성공한 사람도 있겠지만 주식이나 코인이 휴지조각이 돼서 전 재산을 날리는 사람도 있을 것이다.

얼마 전 루나코인으로 인해 전 세계가 발칵 뒤집힌 사건이 있었다. 한화로 약 100원가량 했던 코인이 13만 원까지 상승을 했으니 엄청난 폭등이라고 말할 수 있었다. 무려 수익률이 1,300%이니 말이다. 하지만 루나코인은 패닉셀로 인하여 코인은 대폭락을 하게 되었다.

만일 대출을 받아 이 코인에 투자하였더라면 코인은 흔적도 없이 사라진 채 빚만 남아있게 될 것이다. 차라리 물건이라도 샀으면 물건이라도 남았을 텐데 빚만 남게 된다면 얼마나 허무할까? 생각하면 한숨만 나온다.

그렇다면 좋은 빚과 나쁜 빚이란 과연 무엇일까?

좋은 대출이란?

좋은 대출은 이 빚을 활용함으로써 더 많은 돈을 가져다 줄 수 있게 해주는 것을 말한다. 좋은 빚을 내게 되면 레버리지를 활용하여 더 높은 자산가치 상승을 누릴 수 있거나 좋은 현금흐름을 가져올 수 있다. 그러면 이것은 좋은 대출이라고 할 수 있다. 집을 구매할 때 주택담보대출이 아니더라도 전세자금 대출을 저리로 받아 이를 활용하여 월세보다 적은 지출로 거주비를 해결하거나 더 높은 수익을 가져다 줄 수 있는 방향으로 활용할 수 있다면 이 또한 좋은 대출이라 할 수 있다.

부자들은 대출을 활용하여 집을 사기도 하고 건물을 사서 월세

수익을 만드는 등 자산 구입에 대출을 적극적으로 활용하여 자산 상승 효과와 현금흐름을 만들어 내고 있다. 그들은 장기적으로 화폐가치는 하락하지만 자산가치는 인플레이션 효과로 인하여 시세 차익을 가져다 준다는 것을 잘 알기 때문이다. 그들은 대출을 잘 다룰 줄 안다. 레버리지를 활용하여 부동산을 구입하게 되면 훨씬 더 큰 수익이 돌아오기 때문이다. 무조건 대출을 나쁘다고 생각할 것이 아니라, 대출을 활용할 줄 아는 것도 중요하다.

《부자아빠 가난한 아빠》의 저자 로버트 기요사키는 좋은 빚은 '소득'을 만들어내고, 나쁜 빚은 '지출'만 만들어낸다고 하였다. 그리고 빚으로 부동산을 사는 경우, 단순히 집을 사버리는 사람들보다 훨씬 현명해야 한다고 말한다. 현금흐름이 없어지면 세입자가 집을 나가게 될 경우 빚으로 산 집이 빠르게 '부채'의 영역으로 이동하게 된다고 한다. 자동차 또한 자동차를 다른 사람에게 빌려주고, 현금흐름을 창출할 수 있다면 부채가 아닌 자산이므로 좋은 대출이라고 할 수 있다고 설명하였다.

나쁜 대출은 무엇일까?

나쁜 대출은 자동차 구입비용, 학자금대출비용, 신용카드 청구금액 등 이미 사용하여 쓰고 없어지는 돈을 말한다. 나쁜 대출은 갚아야 할 원금의 가치는 그대로이지만 자산으로 효능이 없거나 떨어져는 것을 말한다. 즉, 소비한 이후 자산가치가 급격히 감소하는 것을 말한다.

예를 들어, 자동차를 할부로 구매하는 경우 자동차는 시간이 갈수록 가치는 떨어지지만 원금과 높은 이자로 인하여 할부로 구매한 사람은 그 돈을 계속해서 갚아나가야 한다. 일반적으로 자동차 할부 대출의 경우 금리도 높지만 자동차 가치가 시간이 갈수록 급격히 떨어진다는 점에서 나쁜 빚으로 분류될 수 있다. 다만 자동차를 사업에 활용해서 더 큰 가치를 창출한다면 좋은 대출이 될 수 있다. 즉, 대출이자보다 더 큰 수익을 안겨줄 수 있는지 여부가 중요하다. 매달 갚아나가야 하는 카드 대금도 마찬가지다. 신용카드는 지금 당장 현금이 없어도 소비를 할 수 있도록 하여 불필요한 소비를 부추긴다. 그리고 그 빚은 어떤 수익을 가져다 주지 않고 가지고 싶은 욕망만 채워줄 뿐이므로 나쁜 빚이라 할 수 있다.

그럼 "주식이나 코인투자를 할 때 신용대출을 받는 건 어떤 건가요?"라는 질문을 할 수도 있겠다. 확실한 기업의 가치를 믿고 대출이자보다 더 큰 수익을 얻을 수 있다면 좋은 빚이라고 할 수 있지만, 단지 주변 사람들의 말만 듣고 확신도 없는데 주식이나 코인을 사는 것이라면 이 대출 또한 나쁜 빚이라고 생각한다.

이때 자신만의 투자원칙을 가지고 감당할 만한 수준에서 대출을 낸 것인지 생각해봐야 한다. 만일 루나 사태처럼 갑작스런 폭락으로 휴지조각이 되게 된다면 고스란히 갚아야 할 원금과 이자만 남게 되기 때문에 좋은 빚이라고 하기에는 무리가 있다. 물론 결과를 예측하고 투자한 사람은 없을 것이다. 잘해보겠다고 대출을 받아서 투자를 했지만, 안 좋은 결과를 가져오는 경우들도 많다. 대출은 잘 사용하면 득이 되지만 잘못 사용하면 무서운 결과를 초래한다. 그래서 감당할 수준에서 대출을 활용하라고 하는 것이다.

똑똑하게 대출을 사용하자

코로나 시기에는 7~8%에 가까운 인플레이션율을 기록하였다. 인플레이션율이 높다는 것은 돈의 가치가 떨어진다는 것을 말한다. 금리가 낮았던 이 시기에 눈치 빠르게 대출을 받아 부동산을 구매하였던 많은 사람들이 돈을 벌었다. 눈치 빠른 이들은 자산 상승기를 활용하여 부동산을 구입하는 데에 적극 활용하였다. 대출을 활용한 레버리지로 평생 벌지도 못할 돈을 번 사람들도 있다.

반면 더 가지고 싶은 욕망을 누르지 못해서 빚을 내서 소비를 하는 사람들이 있다. 그리고 단기간에 큰 돈을 벌 욕심에 제대로 공부도 하지 않은 채 다른 사람의 말만 믿고 무리하게 대출을 받아 폭망한 이들도 있다. 대출은 잘 활용하면 득이 되지만 잘못 사용하면 큰 재앙으로 나에게 돌아온다. 우리는 지혜와 현명함으로 대출받은 돈을 잘 활용하여 자산 상승 및 현금흐름을 가져오도록 활용할 줄 아는 사람이 되어야 한다.

신용관리는 평소에 이렇게 하자

"자네에게 돈을 가져오는 건 반드시 '자신'이 아닌 '다른 사람'이야. 금리는 자네의 신용도를 나타내는 한 예에 불과하지. 즉, 남이 자네를 어떻게 보는지가 자네의 통장에 나타난다는 걸세."

— 이즈미 마사토의 《부자의 그릇》 중에서

모든 사람들이 신용도에 따라서 세분화된 점수로 관리된다. 신용점수에 따라 어떤 사람들은 금융권에서 대출을 받을 때 한도부터 금리까지 우대를 받고, 어떤 사람은 제1금융권 대출이 불가하여 제2금융권이나 제3금융권을 이용해야 한다. 또한 대출금리가 5% 전후에서 20%까지 차이를 보이기도 한다.

돈의 역사는 신용의 역사와 같다. 평소에 약속을 잘 지켜서 신용도가 높은 사람들은 더 많은 금액을 대출 받기도 하고, 금리도 우대를 받는다. 즉 내가 돈이 필요해서 금융권의 도움을 받고자 할 때 신용도는 중요한 역할을 한다. 위기의 상황에서 돈을 빌려야 할 때 신용도에 따라 대출을 받지 못하게 된다면 위기를 벗어나지 못할 수 있을 만큼 평소 신용관리는 중요하다.

잘 생각해보라. 친구가 나에게 돈을 빌리러 왔다고 하자. 나라면 그 친구가 과연 내 돈을 잘 갚을 친구인지 아닌지 따져볼 것이다. 평소에 믿음이 가는 친구라면 돈을 빌려 주겠지만, 평소 거짓말도 자주하고 약속을 잘 어기는 친구라면 돈을 빌려주기가 꺼려질 것이다. 아마도 돈이 없다는 핑계로 얼버무리며 외면해 버릴 것이다. 어쩌면 당연한 일일 것이다. 내 돈을 잃지 않으려면 상대방의 신용도를 체크하지 않을 수 없다. 내 돈은 소중하니까 말이다.

은행도 마찬가지일 것이다. 은행 직원은 대출 신청한 사람을 잘 알지 못한다. 그 사람을 경험해 보지 않았기 때문이다. 하지만 그 사람에 대해서 알 수 있는 방법이 있다. 그것은 신용평가회사에서 제공한 보고서를 보는 방법이다. 그 보고서에는 그 사람의 신용도에 따라 체계적으로 점수화되어 관리가 된다. 평소에 신용카드를 사용하였을 때 꼬박꼬박 제때 카드대금을 상환하였는지, 대출은 과다하지 않은지, 채무불이행으로 공공기록정보가 등록되어 있는 것은 아닌지 확인할 수 있다.

사회생활을 하면서 신용도를 관리하는 것은 꽤나 중요하다. 신용도가 높은 사람들은 돈을 벌 수 있는 기회가 있을 때 돈을 융통하기가 수월하다. 이렇듯 돈은 신용이 좋은 사람들에게 돌아가게 되어 있다.

얼마 전 경제뉴스를 보다가 흥미로운 기사를 보았다. 카카오뱅크가 교보생명보험·교보문고·교보증권과 데이터 협력을 맺고 금융플랫폼 사업 제휴를 위한 양해각서를 체결했다는 내용이다. 교보문고가 보유한 고객들의 도서 구매 이력을 통해 비금융 데이터를 연구·분석해 신용평가모형을 개발한다는 계획이었다. 독서를 많이 하는 사람을 그렇지 못한 사람보다 더 높은 점수를 준다고 하니 평소 독서도 많이 해야 신용도 평가에 유리할 것 같다.

신용평가기관에서 신용도를 측정할 때 동원하는 정보들은 앞으로 더 정교해질 것이다. 신용카드 연체 이력, 세금 연체 이력뿐 아니라 신용카드로 기록된 나의 소비 패턴, 독서 이력까지, 정보 네트워크의 세계에서 활용 가능한 수많은 데이터들이 여러분이 어떤 사람인지 평가하게 도움을 줄 것이다. 어쩌면 거짓으로 빠져나가려고 해도 소용없을 것이다. 아니 오히려 그 거짓이 당신을 옭아맬지도 모른다. 더욱 정교해진 신용평가 시스템으로 그 거짓조차 다 잡아낼 것이니 말이다.

금융기관에서 당신에 대한 대우는 신용에 따라 달라진다. 금융기관으로부터 대접 받고 싶은가? 그렇다면 평소 신용을 관리해야 한다. 신용이란 것은 어느 날 갑자기 생기는 것이 아니다. 평소 자신이 한 습관과 행동이 쌓이고 쌓여 현재의 모습을 만드는 것이라는 점을 명심하자. 모든 것이 과거의 나의 선택들의 집합체이기 때문이다.

그렇다면 우량한 신용도를 가지기 위한 습관은 어떤 것일지 살펴보자.

1. 신용카드를 사용시 적정한 한도만 사용하자. (30~50% 추천)
2. 적당한 대출은 도움이 되나 과도한 대출은 삼가자.
3. 신용카드와 체크카드를 적절하게 병행하여 사용하자.
4. 오랫동안 신용거래를 한다. (대출 상환과 카드대금 상환은 제때에 할 것)
5. 정기적으로 신용보고서를 확인하고, 신용 상태를 점검하자.

평소 위에 있는 습관을 가지고 있는 사람은 신용점수가 좋을 것이다. 하지만 그동안 돈 관리를 소홀히 하여 카드 연체를 자주 하거나 과도한 대출을 받았다면 지금이라도 다시 시작하자. 늦은 때란 없다. 그동안 신용에 무심했었다면 지금이라도 신용관리에 힘써보자. 그래야 정말 필요할 때 도움을 받을 수 있고, 레버리지를 활용하여 자산을 불릴 수 있으니 말이다. 신용은 곧 당신의 인격을 말해준다. 당신을 알기 위해 꽤 많은 기관에서 신용보고서로 당신을 평가한다는 사실을 잊지 말자.

8장

시간이 부족해도 시장 수익률을 이기는 투자는 할 수 있다

부지런히 말고, 게으르게 투자하자

세계 6위의 부자 워런 버핏은 어릴적부터 책 읽기를 좋아하였다고 한다. 지금도 매일 하루에 500페이지가 되는 양의 책읽기를 한다고 하여 지어진 별명이 학습기계이다. 워런 버핏은 투자의 귀재로 유명하지만 그가 매일 차트를 분석하고 매일매일 주식을 샀다 팔았다를 반복한다는 말은 들어보지 못했다.

매일 직장으로 출근해서 오전 9시부터 오후 6시까지 직장이란 곳에서 일을 하는 직장인들에게 있어 매일 낮에 열리는 주식시장에서 주식을 사고 파는 것은 쉽지 않은 일이다. 더구나 매일 사야 할 주식을 찾아야 하고 팔아야 할 시점을 찾아 매도하는 것조차 참 피곤한 일이다.

나는 직장인은 직장에 있는 동안 직장의 본연의 업무에 충실해야 한다고 생각한다. 직장에서 주식을 사고 파는 일을 하느라 직장에서 업무에 소홀하다면 그것이야말로 직장에 민폐를 끼치는 일이 된다. 직장 일도 잘하면서도 틈틈이 정말 똑똑하게 매수시기와 매도시기를 잘 파악해서 좋은 수익률을 냈다고 치자. 자주 사고 팔고 하는 주식투자의 경우 신이 아닌 이상 늘 좋을 수만은 없다.

또한 주식시장이 좋을 때는 업무에 지장이 없겠지만, 주식시장이 안 좋을 때에는 기분도 함께 가라앉을 수밖에 없다. 한창 2021년 코로나로 주가가 최고치를 찍었을 때 사람들은 점심시간뿐 아니라 휴식시간에도 주식 이야기들을 많이 했다. 평소 관심 없었던 직원들도 어느새 주식에 관심을 가지고 투자를 시작하였다. 다들 주식 이야기를 하느라 떠들썩했다. 하지만 1년 뒤 높아진 인플레이션으로 금리가 상승하고 주가는 곤두박질치기 시작하였다.

이때부터는 점점 주식 이야기를 하는 사람들이 줄어들었다. 최고가에 사서 고꾸라진 주가를 바라보며 속상해하는 사람들은 이제 주식에 '주'자도 싫다면 손사래를 쳤다. 밤새도록 FOMC회의록을 기록해가며 열심히 주식을 하던 이들도 어느덧 조용해졌다.

어느 날 집으로 오는 길에 유튜브에서 우리나라 사람들의 평균 주식 보유 기간이 채 일주일이 되지 않는다는 말을 듣고 꽤나 놀랐다. 결국 대다수의 사람들이 참지 못하고 샀다 팔았다를 반복하였다는 말이 된다. 어쩌면 우리나라 사람들의 급한 성격을 반영한 결과이지 않을까 하는 생각도 들었다. 사실 주식을 사기만 하고 팔지 않았던 내 입장에서는 그분들이 무척이나 부지런해 보였다.

난 가치투자를 지향한다. 매일 매일 물건을 분석하고 사고 팔 자신도 없거니와 매번 시장을 정확하게 분석하고 발 빠르게 움직일 시간도 없다. 매일 아침이면 아이들 학교 가는 것을 챙겨주고 직장에 출근하면 업무를 하느라 하루가 훌쩍 지나간다. 중간에 개인적으로 오는 문자를 보는 것도 힘들 때가 많다. 그렇게 바쁘게 업무를 하던 중에 주식까지 한다는 것은 쉽지 않았다.

하지만 월급만으로는 미래가 보이지 않았고 돈을 일하게 해야 한다는 생각에 주식 투자를 위한 여러 책을 읽어보았다. 모건하우절의 《돈의 심리학》에 나온 이야기가 흥미로웠는데, 내용은 다음과 같다.

"1900년부터 2019년까지 당신이 매달 1달러를 저축한다면 어떻게 될까? 1달러를 비가 오나 눈이 오나 매달 미국 주식시장에 투자한다고 생각해보자. 이 투자자를 '수전'이라고 부르자. 어쩌면 경기침체 기간 중에 투자를 하는 것은 너무 두려운 일일 수 있다. 그래서 당신은 침체기에는 주식을 모두 팔고 매달 1달러는 현금으로 저축한다. 그리고 경기침체가 끝나면 그 모두를 다시 주식시장에 투자한다. 이 투자자를 '짐'이라고 부르기로 하자. 시간이 지나 수전은 43만 5,551달러를 갖게 되었고, 짐은 25만 7,386달러를 가지게 되었다."

– 모건 하우절의 《돈의 심리학》 중에서 –

어쩌면 코로나 전에 이 책을 읽은 것이 다행이었다. 이 책을 읽고 나 역시 수전처럼 행동했다. 비가 오나 눈이 오나 신경 쓰지 않고 투자하였으며 폭락장이 와도 주식을 팔지 않았다. 주식 그래프는 예쁘게 올랐다가 곤두박질쳤다가 다시 오르는 걸 반복했다.

코로나 이후 주식시장이 폭락장이 왔다가 다시 조금 오름세를 타고 있을 때 은행 직원과 나누었던 말이 생각났다.

은행직원 : 지금 이 시장에 고객님처럼 수익률이 난 사람 정말 처음 봤어요! 도대체 노하우가 뭐예요?

나 : 전 그냥 사기만 했어요.

그냥 난 게으르게 투자했을 뿐인데 은행직원은 날 신기하게 바라보았다. 난 '사실 엄청난 노하우가 있었던건 아닌데' 하며 멋적은 표정을 지었다. 어쩌면 주식투자에 있어서 많은 정보에 대해 공부하고 분석하는 것보다 기업에 대한 믿음을 가지고 인내를 하는 것이 더 필요했던 건 아닐까 하는 생각이 들었다.

앞서 언급했던 워런 버핏도 독서에 시간을 많이 투자하여 시장에 대한 인사이트를 가지기 위해 노력할 뿐이지 일주일도 안 되는 시간 안에 사고 파느라 물건을 고르는 데 시간을 많이 투자하지 않는다고 하였다. 어쩌면 게으르게 투자해도 충분히 우리가 원하는 결과를 얻을 수 있는데 더 어렵게 가고 있지는 않는지 생각해 봐야 한다.

우리나라의 워런 버핏과 같은 존재인 주식농부 박영옥의 이야기를 들어보자.

> 주식시장에서 자신의 예상이 현실화되는 경험을 몇 번 하고 나면 과감하게 미래를 예언하게 된다. 그러나 이러한 자만심은 결국 막대한 손실로 돌아온다. 미래는 불확실하다. 다만 확신할 수 있을 뿐이다. 투자하려면 기업의 성장을 확신할 때까지 인내심을 가지고 공부하는 것이 중요하다.
>
> – 주식농부 박영옥, 《돈, 일하게 하라》 중에서

주식으로 1,500억원 이상의 자산을 보유한 그도 주식시장에 대해 과신하지 말고 기업의 본질을 보고 투자하여 그 성장을 기다리라고 하였다. 결국 인내심을 가지고 평소 공부하는 자세를 가지는 것이 중요하다고 말이다. 수많은 성공투자가들이 말하듯이 우리에게 필요한 것은 마켓타이밍을 하는 '부지런함'이 아니라 기업의 본질을 믿고 느긋하게 기다리는 '게으름'이다.

이 얼마나 다행인지 싶다. 게으르게 투자하는 것이 오히려 장기적으로 훨씬 좋다니 말이다. 주식투자, 어렵다고 생각할 필요가 없다. 몇 년에 한 번 좋은 기업을 발굴해내고 기다리기만 해도 되니 말이다. 뉴스를 매일 들여다 볼 필요도 없다. 오히려 뉴스의 부정적인 기사로 마음만 불안해질 뿐이다. 한 번씩 내가 투자한 기업이 잘 있는지 들여다보기만 하면 된다. 이 얼마나 쉬운 일인가.

우리는 매일 차트를 들여다보며 추세선을 그리고 전고점을 찾을 필요가 없다. 오히려 너무 많은 정보는 독이 된다. 많은 정보들이 처음 가졌던 기업에 대한 믿음을 흔들리게 할 수도 있다. 기업에 투자한 이상 동업자라는 생각을 가지고 기다리면 불안하지 않다. 항상 그 기업이 잘되기만을 응원할 뿐이다. 주식은 부지런하게 말고 게으르게 투자하자.

투기 말고, 투자 하자

'투자'란 무엇일까? 투자라는 것은 투기와 어떤 점이 다를까? 우리는 주식 투자를 '투자'라고 부른다. 주식 투기라고 부르지는 않는다. 어쩌면 많은 사람들은 자신이 하는 주식 투자를 투자라고 부르면서 투기를 하고 있는건 아닌지 모르겠다.

2023년 〈한국부자보고서〉에 따르면 개인 투자자들은 평균 주식 보유 기간이 14.8일에 불과하였으며, 부자들은 1년 이상~3년 미만(36.8%)을 가장 선호한다고 한다. 나는 개인 투자자들의 평균 주식 보유기간이 겨우 2주밖에 되지 않는다는 사실에 놀랐다.

'어떻게 기업에 투자를 하면서 그 기업 주식을 사서 2주만 보유하는 것을 투자라고 할 수 있을까?'라는 의문이 들었다. 2주만에 그 기업에 어떤 크나큰 변동이 있어서일까? 그것도 대부분의 기업이 말이다. 한 기업이 생산활동을 하고 성장해 가는 데에는 오랜 시간이 걸린다. '단 2주만에 매수를 결정하고 매도를 결정하는 일은 매우 성급한 행동이 아닐까?'라는 생각이 든다.

우리나라 대부분의 투자자는 주식 가격과 호재 등만을 보고 샀다가 고점이라고 생각되면 팔아버리는 마켓타이밍 투자를 하고 있었던 것이다.

신 차장과 김 부장의 이야기를 해보자. 신 차장은 차트 분석의 달인이다. 단기간에 급등할 만할 때 재빨리 팔아치운다. 신 차장은 회사 내에서 주식 고수로 불린다. 그는 월급보다 주식으로 더 높은 수익을 얻는다는 사실에 많은 직원들의 부러움을 산다.

반면 김 부장은 매달 월급날이 되면 A기업 주식을 꾸준하게 적립식으로 사 모아간다. A기업의 나쁜 뉴스가 나와도 크게 흔들리지 않는다. 오히려 여유 자금으로 더 매수를 해나갈 뿐이다. 매달 매수 버튼을 누르는 것 외에는 주식 창을 자주 쳐다보지 않는다. 김 부장이 이런 식으로 매달 투자한 지는 벌써 5년째이다.

두 사람의 투자에 어떤 생각이 드는가? 단기적으로 보면 신 차장이 굉장히 똑똑하고 스마트해서 수익률이 높을 것 같다. 하지만 신 차장은 항상 높은 수익을 고수할 수 있을까? 시장의 위험을 예측할 수 있는 사람은 없다. 늘 시장에는 위험이 도사리고 있다. 아무리 똑똑하게 저점을 확인하고 고점을 확인한다고 해도 신이 아닌 이상 주식시장에서 승리하기란 쉽지 않다.

> 성공적인 투자에는 대가가 따라붙는다. 그 비용은 달러나 센트가 아니다. 변동성, 공포, 의심, 불확실성, 후회의 형태로 지불해야 한다.
>
> -《돈의 심리학》 중에서 -

나도 과거에는 신 차장과 같았다. 차트를 분석하고 나름 저점이라고 생각하는 구간에 매수하였고, 고점이라는 구간에서 팔아치웠다. 물론 매수를 하는 시점에는 기업의 미래가치를 보긴 했으나 시장이 흔들릴 때면 나의 마음도 흔들렸다. 주변 사람 말을 듣고 아무 영혼 없이 매수 매도 버튼을 누른 적도 있었다. 물론 수익이 날 때도 있었다. 하지만 갑작스레 시장 상황이 변하면 고꾸라졌고, 그 상황을 인정할 수 없어 혼란스러워 했다. 시간이 지나보면 계좌의 돈은 쪼그라들어 있었다. 그 이후 주식은 나와 안 맞는 것이라 생각하고 한동안 잊고 지냈다.

어느 날 우연히 서점에서 집어들은 책을 보고 내가 한 행동들이 투자가 아닌 투기스러운 행동이란 것을 알게 되었다. 기업에 투자한다는 것은 이 기업의 미래가치를 보고 함께한다는 것을 의미한다. 워런 버핏은 '시장이 10년 동안 문을 닫아도 될 만큼 완벽하게 보유하고 싶은 주식만을 매수하십시오'라고 말한다. 수많은 사람들이 세계적인 투자자인 워런 버핏의 투자전략을 따라하지만, 워런 버핏의 투자 비밀이 '시간'에 있다는 데 주목하는 사람들은 많지 않다.

워런 버핏은 75년이나 투자를 했다. 그런데 놀랍게도 워런 버핏의 순 자산의 95% 이상은 60대 중반 이후에 생겼다고 한다. 버핏은 '일반 사람들이 주식을 고를 수 없다고 믿는데, 이는 사람들이 지식 수준이 부족해서가 아니라, 좋은 주식을 식별하기 위한 인내와 헌신이 필요하기 때문이다.'라고 하였다. 시간과 복리의 힘은 장기적으로 엄청난 수익을 가져다 주었던 것이다.

> "장기적으로 성공한 투자자가 되기 위해 필요한 것은 높은 IQ가 아니라 기질이다."
>
> – 워런 버핏 –

이 사실을 알고 난 후 난 투자전략을 바꾸었다. 바로 '우량주식 장기투자'로 말이다. 내가 '10년 이상 가지고 싶은 주식은 무엇일까?'에 초점을 맞추고 '진짜 투자'를 하기로 하였다. 그 이후 월급이 모이면 우량주식을 조금씩 모아갔다. '이 주식들은 나의 노후자금이다.'라고 생각하고, 주식이 올라서 팔고 싶은 유혹들도 있었지만 이를 뿌리쳤다.

그렇게 3년이 지나자 보유주식들은 놀랄만한 수익률을 달성하게 되었다. 코로나 시기 인플레이션으로 인하여 상승장을 겪고 코로나 이후 반토막이 나는 하락장을 겪은 후 다시 우상향 할 것이라는 믿음으로 기다렸더니 주가는 긴 하락장을 딛고 다시 우상향하였다. 결국 투자한 돈은 원금의 두 배가 되었다. 매일 차트를 보며 사고 파는 노력을 기울이지 않았는데도 말이다.

난 이 가치투자 전략이 직장인에게는 최적의 투자방법이라 생각한다. 하루 종일 직장에 매여있으면서 단타 전략을 취하기란 현실적으로 쉽지 않다. 단타가 아니라 하더라도 몇칠에 한 번씩 주식을 샀다 팔았다 하려면 꽤 많은 노력이 필요하다. 그리고 가격에 시선을 집중하면 주식의 변동성이 심리를 불안하게 한다.

> "폭풍우가 치는 주식시장에서 담대한 마음을 유지하는 사람이 진정한 고수이며, 그들이 주식 투자에 성공한다."
>
> – 주식농부 박영옥 –

직장에 있는 동안에는 업무에만 집중하자. 신 차장처럼 똑똑하게 행동하지 않아도 충분히 높은 수익률을 낼 수 있으니 말이다. 대신 투자의 마인드를 철저하게 장착하자. 투기가 아닌 투자를 하려는 마인드셋을 가지고 정말 사고 싶은 기업에 투자를 한다면 주식의 변동성이 불안하고 두렵지 않을 것이다. 오랫동안 함께하고 싶은 주식을 선별하고 동업자라는 생각으로 '진짜 투자'를 하자.

3년이 아닌, 10년, 20년을 투자하고 싶은 기업, 하락장에도 꾸준히 투자할 수 있는 믿음직한 기업을 찾아 내가 이 기업의 오너라 생각하고 꾸준히 모아나가자. 주주라는 것은 결국 기업의 주인인 것이다. 기업의 주인의 마음으로 기업이 잘 운영되고 있는지 지켜보고 응원을 해주자. 이렇게 하면 편안한 마음으로 직장 일과 투자 두 마리 토끼를 잡을 수 있을 것이다.

"세계적인 우량주를 사들인 다음 약국에서 수면제를 사서 먹고 몇 년간 푹 자라"

– 앙드레 코스톨라니 –

10배 크게 생각하고, 10년 멀리 내다보기

우리는 매일 매일 하루를 살아간다. 아니 어쩌면 힘들게 하루를 살아낸다는 말이 맞을지도 모른다. 그러다보면 우리가 자칫 잊기 쉬운 것이 있다. 그것은 바로 크게 생각하고 멀리 내다보는 것이다. 그날 그날 해야 할 일들만 생각하다보면 더 크게 생각하고 더 멀리 내다보는 것이 어려울 수도 있다.

하지만 우리는 10배는 크게 생각해야 하고, 10년 이후 먼 미래에 대해 내다볼 줄 알아야 한다. 의식적으로 10배를 생각해야 그 목표에 가까이 가도록 노력을 하게 되는 것이다. 만일 2배만 크게 생각한다면 시야는 내 주변 범위에 머물러 있을 것이다. 하지만 10배 크게 생각한다면 내가 그동안 보지 못했던 것을 볼 수 있는 시야를 가지게 된다.

《10배 법칙》의 저자인 그랜트 카돈은 '원하는 목표보다 10배 더 큰 목표를 설정하라. 그런 다음 목표 달성에 필요하다고 생각하는 행동보다 10배 더 많은 행동을 해라'라고 말하였다.

사람은 내가 생각하는 범위만큼만 볼 수 있다. 이 말은 크게 생각하는 연습을 한다면 더 넓은 범위의 것을 볼 수 있다는 뜻이 되기도 한다. 우리가 노동소득이 아닌 불로소득을 얻기 위해서는 이렇게 생각하는 것이 무엇보다 중요하다. 노동소득은 매일 보이는 것에서 나오지만 불로소득은 눈에 보이지 않는 것에서 나오기 때문이다. 즉, 보이지 않는 것을 상상해내는 힘이 중요하다.

부동산 투자건, 주식 투자건 미래에 이루어질 것을 가정하고 상상하는 것이 현실화 되었을 때 그것이 수익으로 돌아온다. 내가 10배 크게 생각하고 상상하여 목표를 세우고 그것에 초점을 맞추면 그 크기에 맞게 내가 행동해야 할 것들이 보이기 시작할 것이다.

내 주변 공간에 둘러 쌓인 것들을 한번 바라보자. 그리고 눈을 감아 보자. 눈을 감고 빨간색을 생각하고 다시 눈을 떠보자. 그런 다음 다시 내 주변 공간에서 빨간색을 찾아보자. 아마 그 전보다 빨간색이 눈에 잘 띌 것이다. 전에는 빨간색을 인식하지 못했는데 이번에는 빨간색으로 보이는 물건들이 보일 것이다. 그 이유는 우리 뇌가 그것을 인식하기 시작했기 때문이다.

우리가 10배 크게 생각하고 10년 멀리 내다봐야 하는 이유가 여기에 있다. 내 초점을 너무 좁게 맞춰놓으면 내가 보지 못하는 것들이 너무나도 많기 때문이다. 더 넓은 시야를 확보하는 것이 재테크에 있어서도 굉장히 중요한 요소라는 것이다.

예를 들면, 부동산을 투자할 때에는 그 지역의 미래 계획을 들여다보는 일이 매우 중요하다. 내가 살 집 앞에 GTX 노선이 들어설 예정인지 백화점이 들어설 예정인지에 대한 정보 수집을 해야 한다. 만일 내 집앞에 혐오시설이 들어올 것이라는 것을 모른 채 집을 덜컥 사버리게 되면 어떨지 상상해보았는가. 내 집을 사는 것도 투자다. 누구도 내 집 장만을 한 이후에 내 집 가격이 악재로 인하여 뚝뚝 떨어지는 것을 원하는 사람은 없다.

내가 산 부동산이 미래에도 승승장구하려면 주변이 어떻게 변화될지 알아보는 안목을 가지고 있어야 한다. 10년 후에 이곳이 어떤 곳으로 변화하게 될지 상상해보자. 그럼 그 집의 미래 가격이 보인다. 미래가 그려지지 않는 집은 인플레이션 상승률만큼만 상승하겠지만, 지금보다 훨씬 멋진 미래계획이 펼쳐진 집은 지금보다 훨씬 높은 가치를 지니게 될 것이 분명하다.

주식투자도 마찬가지다. 내가 10년 후를 상상하여 기업의 펀더멘탈을 믿고 투자할 때는 마음가짐부터가 다르다. 지금 현재와 일주일 후의 가격만 본다면 차트를 분석하고 저점과 고점을 알아봐야 하고 지금 그 기업의 호재와 악재를 분석하고 샀다가 팔면 된다. 하지만 10년 후를 내다보고 미래 가치가 있는 기업에 투자한다면 좁은 시선에서 하루 이틀 오르고 내리는 주가에 일희일비하지 않게 된다. 결국 내가 투자한 기업은 미래가치를 가지고 있으므로 우상향할 것이기 때문이다.

"목표를 크게 세워라"라는 말은 결코 틀린 말이 아니다. 목표가 작으면 행동할 범위도 자연스레 작아지기 때문이다. 그럼 목표를 크게 세우면? 당연히 그 목표를 달성하기 위해 자연스레 행동도 부지런해질 수밖에 없다. 목표를 달성하기 위해 수입을 늘려야 한다면 그것에 걸맞는 능력을 갖추고 수입을 늘리기 위해 노력을 할 것이고, 목표를 달성하기 위해 지출을 줄여야 한다면 지출을 줄이기 위한 전략을 짜게 될 것이다.

하루 벌어 하루하루 살아내는 것이 목표라면 그 사람은 내일도 모레도 그리고 10년 후에도 변함없이 하루하루 살아내는 사람이 될 것이다. 그래서 우리가 생각하는 것이 중요하다. 내가 생각하는 것에 따라 나의 행동도 달라지고 미래도 달라지기 때문이다.

그렇기 때문에 우리는 10배 크게 생각하고 10년 멀리 내다보는 시야를 가져야만 한다. 결국 불로소득이란 것은 내가 일을 해서 버는 소득이 아니라 꿈을 가지고 그 꿈을 실현했을 때 얻을 수 있는 소득이기 때문이다.

9장

이제는 세테크의 시대, 부동산 세금 반드시 확인하자

시세 차익과 비과세 두 마리 토끼 잡기

부동산 투자를 하다보면 세금에 대한 고민을 하지 않을 수 없다. 부동산을 살 때 내야 하는 세금도 많지만, 부동산을 양도했을 때 내는 세금도 엄청나게 크다. 부동산으로 돈을 벌 때는 달콤하지만 부동산 투자로 번 수익에 대한 세금은 혹독하게 느껴지기 마련이다.

자본주의 사회에서 특히 투자를 하면서 세금을 모른다는 것은 엄청난 손해를 가져올 수 있다는 점을 알아야 한다. 수많은 사람들이 세금을 잘 몰라서 수억 원의 세금이 추징되어 고통받는 것을 많이 보아왔다. 반면 세금을 잘 알고 활용하는 사람에게는 그 지식이 분명 약이 될 것이다.

우리나라에는 부동산을 취득할 때 취득세, 그리고 보유할 때 재산세, 양도할 때 양도소득세를 내게 된다. 국가에서는 1주택자에 대해서는 비과세 혜택을 부여해 주고 있고, 집을 사고 파는 과정에서 일시적으로 보유하게 된 2주택에 대해서도 양도소득세, 비과세 혜택을 주고 있다.

내 집을 한 채만 매수할 때는 실거주 목적으로 여기지만, 집을 한 채 더 구입하였을 때는 이사를 위한 갈아타기 혹은 투자 목적이 될 수 있다. 우리나라는 일시적 2주택까지는 갈아타기 수요로 봐서 양도소득세 비과세 혜택을 준다. 부동산 투자의 관점으로 보았을 때 이 비과세 혜택만 잘 활용을 하여도 부동산 투자에 반은 성공한 것임에 틀림없다. 요즘은 똘똘한 한 채가 여러 채의 주택보다 더 큰 위력을 발휘하는 시기이다. 국가에서 인정한 범위 내에서 내가 살 수 있는 가장 좋은 주택을 구입하여 세금 혜택도 누려보는 건 어떨까?

일시적 2주택 비과세란 무엇인지 한 번 살펴보자.

Q : 신 차장은 2020년 2월 A라는 주택을 매입하였다. A주택을 매입한 이후 1년이 지나 개인 사정으로 이사를 가야 했다. 이사 가려는 지역의 B주택을 매수해야 하는 상황인데, A주택이 생각처럼 잘 팔리지 않았다. 어쩔 수 없이 신 차장은 A주택을 팔지 못하고 전세입자를 들이고 B주택을 매입하였다. B주택

을 매입한 이후 2년 6개월이 지나 겨우 A주택을 팔게 되었다. 이때 신 차장은 A주택에 대한 양도소득세 비과세 혜택을 받을 수 있을까?

A : 신 차장은 A주택을 매입 후 1년이 지나 B주택을 매수하였고, B주택 취득일로부터 3년 이내에 A주택을 매도하였다. 따라서 일시적 2주택 비과세 제도를 활용하게 되면 세금을 내지 않아도 된다. ('23.1.12. 이후 양도분부터 3년 적용)

신 차장은 주택가격이 상승하는 시기를 맞이하는 경우 3년이라는 시간 동안 A주택의 주택가격 상승과 B주택 가격 상승으로 인한 수익을 둘 다 가져가는 효과도 누릴 수 있다. 한 채의 집으로 얻은 수익뿐 아니라 두 채의 집값 상승으로 수익을 얻을 수 있으니 그야말로 일석이조인 셈이다.

국가에서는 주택에 대하여 투기적인 요소를 경계한다. 많은 사람들이 부동산 상승 수익으로 돈을 벌 수 있다는 것을 알지만 모든 사람들에게 부동산 투자시에 세금을 걷지 않게 되면 집을 물건 사듯이 사게 되고 그로 인한 손해가 실거주를 원하는 사람에게 간다고 여기기 때문이다.

그렇기 때문에 국가에서는 집을 옮겨가는 과정에서 피치 못하게 집을 못 파는 경우까지만 비과세를 인정해주고 3주택 이상의 부동산 소유자에게는 세금을 무겁게 매기고 있다. 물론 이것은 부동산이 상승장일 때의 정책 방향이다. 하락장일 때에는 미분양도 넘쳐나고 거래가 안 되어 사회적인 문제를 야기하는 경우 다주택자에게 임대사업자 혜택과 양도소득세 면제 혜택을 줬을 때도 있었다.

주택을 취득할 때부터 다주택자들이 더 이상 주택 취득을 어렵게 하도록 취득세를 중과하고 있다. 비조정대상지역 기준으로 3주택부터는 8%, 4주택부터는 12%의 세금을 내야하니 집 한 채를 더 살 때마다 수천만 원에서 수억 원의 세금을 내야 한다. 이는 다주택자로 하여금 주택 구입을 망설이게 만든다.

세금으로 부동산의 수요공급을 조정하는 일은 과거부터 지속되어 왔다. 부동산 활황기에는 세금으로 거래를 하지 못하도록 규제하여야 세금 무서워 집을 쉽게 살 수 없게 되고, 과도하게 오르는 집값을 진정시킬 수 있게 된다. 반대로 거래량이 너무 없어도 세수가 줄어들어 문제가 된다. 또한 돈이 돌지 않아 경기 활성화가 되지 않는다. 주택 매매는 건설업, 인테리어 등 수많은 분야의 사업들과 밀접한 연관을 가지고 있다.

정부는 완만한 인플레이션을 원하지만, 그렇다고 급격한 인플레이션을 원하지도 않는다. 2021년도 초반 코로나로 인하여 유동성이 확대되면서 집 가격은 몇 달만에 억 단위로 오르는 등 비정상적인 상승세를 보였다. 일반 직장인들이 월급을 한 푼 두 푼 모아 저축하기도 힘든데 자고 일어나면 몇 억씩 집값이 오르니 한숨 쉬는 사람들이 많아진 것은 당연지사이다. 과도하게 오른 집값은 근로의욕도 떨어트리고 실수요자에 많은 부담을 준다. 정부도 이를 알기에 그냥 두고만 볼 수 없다. 따라서 급격한 상승기에는 세금 규제를 통해 과도한 장세를 조정하게 된다.

하지만 많은 사람들은 정부의 입장에 있지 않다. 그저 한 사회를 살아가는 직장인인 개인일 뿐이다. 사회적인 측면에서는 부동산 투자가 나쁘다고 하고 적폐로 몰아가지만, 노동소득만으로는 답이 없는 것도 현실이다. 대부분의 평범한 가정은 열심히 벌어서 집 장만을 하려고 저축을 해보아도 녹록치가 않다는 것을 알 것이다. 우리나라의 부자들은 대부분 부동산 투자를 통해 부를 이루었다는 부자보고서를 보았을때, 어느 정도의 부동산 투자를 적폐로만 몰아갈 수 있을까 하는 데에는 의문이 든다.

추천할 만한 투자 방향은 정부에서 허용한 일시적 2주택 제도를 잘 활용해서 두 마리 토끼도 잡고 세금 비과세도 받는 것이다. 이 전략은 집값이 상승하는 시기에 일시적 2주택을 활용하면 두 배의 수익을 취득할 수가 있고, 비과세 혜택 또한 받을 수가 있다.

비과세 혜택만 잘 활용하여도 큰 수익을 창출할 수가 있는 것이다. 주택의 갯수 늘리기보다 오히려 똘똘한 주택이 더 큰 수익을 안겨줄 수 있다.

반대로 하락장에서 울며 겨자먹기로 2주택을 소유하게 되는 경우도 많다. 모든 투자에는 위험도 항상 존재하기에 모든 상승장과 하락장을 예측할 수는 없다. 하지만 소위 영끌을 해서 투자한 것이 아닌 이상 잘 버티기만 하면 다시 상승장은 오게 되어 있다. 일시적 2주택으로 허용된 기간이 3년이란 긴 시간인 만큼 이를 잘 활용하여 시장 상황을 지켜볼 필요가 있다.

많은 사람들은 세금이 무섭고 어렵다고 한다. 하지만 내 집을 사는 순간부터 이 세금이라는 것을 모른 체하기가 쉽지 않다. 세금이 미치는 영향은 수천만 원에서 수억 원에 이르기까지 큰 금액이기 때문이다. 그렇다면 우리는 어떻게 해야 할까? 당연히 세금에 대한 기본적인 지식은 알고 있어야 한다. 더 나아가 세금을 그냥 아는 것에서 그치지 말고 잘 활용해 보길 바란다.

부동산 세금 도대체 어디에 물어봐야 할까?

세금은 기본적으로 국가에서 정한 세법을 기반으로 한다. 각종 세금의 근거가 되는 법령은 법제처에서 제공하는 국가법령정보센터(https://www.law.go.kr)에 들어가면 쉽게 찾아볼 수 있다. 물론 법령을 찾아보는 것만으로도 해결하기 어려운 정보들도 많을 것이다. 이럴 때는 관공서를 찾게 되기 마련이다.

상담을 하다보면 생각보다 많은 사람들이 국세와 지방세의 구분조차 하기 힘들어한다는 것을 알 수 있다. 양도소득세를 구청에 전화해서 물어본다든지, 세무서에 전화해서 재산세를 물어본다든지 하는 사람들도 많다. 같은 부동산에 대한 보유 세금이지만 재산세는 지방세이며, 종합부동산세는 국세이다. 집을 살 때는 지방세인 취득세를 내야 하며, 집을 팔 때는 국세인 양도소득세를 내야 한다. 그리고 양도소득세에 일정 부분(약 10%)을 지방소득세라는 명목으로 지방세로 납부해야한다. 일반인들이 생각하기에 좀 복잡한 체계이다.

국세는 국세청 콜센터(126)에서 각 분야 전문가들이 친절하게 답변을 해준다. 지방세는 물건지 관할 구청 세무과에서 담당자들이 답변을 해준다. 또한 각 세금의 전문 세무사나 회계사, 네이버 엑스퍼트로 활동하는 지식전문가에게 도움을 받는 것도 좋은 방법이다.

세금이라 하면 어렵고 불편한 감정을 가지게 된다. 어쩌면 처음부터 세금은 어렵다는 생각에 지레 멀리하기 때문이기도 한 것 같다. 하지만 살면서 세금을 모르면 불편하다는 것을 느꼈을 것이다. 따라서 세금에 대해 평소 관심을 가져보자. 세금에 대한 기본 지식은 살아가면서 큰 도움을 줄 것이다.

〈세금 종류별 문의처〉

구분	세금 종류	비고
국세	양도소득세, 종합소득세, 부가가치세, 종합부동산세	국세청 콜센터 126, 홈텍스 민원상담
지방세	재산세, 취득세, 자동차세, 지방소득세, 주민세 등	지자체 콜센터 통해서 지자체 세무과 담당자, 구청 홈페이지 민원상담

부자들의 공통점이 있다. 그들의 공통점은 돈에 대한 관심이 많고, 세금에 대해서도 굉장히 많이 안다는 것이다. 그래서 가끔 놀랄 때가 있다. 뉴스에 세금 정책이 발표되자마자 그들에게서 전화

가 온다. 나는 세금 정책에 대해 자세히 물어보고, 대비를 하는 사람들을 볼 때 놀라지 않을 수가 없다. 아마도 그들은 부를 축적하려면 세금에 대해 공부하는 것이 필수임을 빨리 터득해서 그런 행동을 보이는 것임에 틀림없다.

세금에 대한 관심은 곧 돈에 대한 관심이다. 여러분이 자산을 소중하게 생각하고 자산상승 수익을 온전히 내 것으로 하고 싶다면 세금에 대해서도 잘 알아야 할 필요가 있다. 세금 고민이 생겼을 때 어디에 물어봐야 할지 기억해둔다면 도움이 될 것이라 생각한다.

알쏭달쏭 어려운 오피스텔 세금편

오피스텔은 '오피스(Office)'와 '호텔(Hotel)'의 합성어로 업무와 주거를 할 수 있는 건축물을 말한다. 1인 거주자가 늘어나면서 새로운 주 거수요가 생겨났고, 이에 발맞춰 오피스텔의 공급도 많아졌다. 오피스텔은 투자자에게는 꼬박꼬박 들어오는 자동수익을 안겨주었고, 거주자에게는 거주와 동시에 상업시설의 편리함을 누릴 수 있게 해주었다.

오피스텔은 원칙상 국토교통부 장관이 고시하는 기준에 적합한 것으로 정의되고 있어 건축법상으로는 건축물로 분류가 된다. 하지만 실질적으로 오피스텔이 주거용으로 사용되는 경우가 많기 때문에 이를 규율하기 위해 세금이 달라지므로 복잡한 상황이 되었다.

세금적인 측면에 있어서는 해당 오피스텔을 실제로 사용하는 현황에 따라 과세가 되기 때문에 많은 혼란을 가져오는 문제점을 가지고 있다. 자세히 들여다보면 세법상 실질과세의 원칙에 따라 실제 주거용으로 사용하고 있으면 주거용 오피스텔로 보아 주택에 대한 세금을 적용하고, 업무용이면 건축물로 보아 세금을 적용하기 때문이다.

분양받을 때는 오피스텔이 건축법상 주택이 아니기 때문에 무주택으로 인정을 받았는데, 기존 집을 팔려고 양도소득세를 신고하려고 하니 가지고 있는 오피스텔에 거주하는 세입자가 전입신고를 하였기 때문에 실제 사람이 주거하는 용도로 사용하였다고 해서 주택으로 인정하여 과세한다고 하니 혼란스러울 수밖에 없다.

어떤 분은 오피스텔을 샀다가 세금이 너무 복잡해서 이걸 연구하느라 너무 힘들다며 고충을 토로하였다. 오피스텔 샀다가 세금 박사가 다 되겠다면서 말이다. 월세 받으려 했다가 세금 문제가 너무 어려워 힘들다는 이야기를 들으니 안타까운 생각이 들었다.

오피스텔을 분양받게 되면 두 가지 루트로 나뉜다. 용도를 업무용으로 갈 것이냐, 주거용으로 갈 것이냐 하는 두 가지 갈래가 있다는 것이다. 오피스텔은 건축법상 건물이기 때문에 기본 세팅값은 업무용이다. 업무용과 주거용의 세금 부분에서의 차이를 살펴보면, 업무용으로 이용할 예정이면 처음 분양 시점에 부가가치세를 환급받을 수 있다. 그리고 재산세는 7월 건축물분 재산세와 9월 토지분 재산세를 내야 한다. 일반적으로 건축물로 분류돼서 재산세를 내면 주택분에 비해 1.5배~2배 정도 많이 내야하기 때문에 손해라고 여기는 사람들도 많다. 하지만 업무용이기 때문에 주택으로 인정되지 않아 주택 수에는 포함되지 않게 되는 장점이 있다.

그렇다면 주거용으로 오피스텔을 보유하게 된다면 어떻게 될까? 주거용으로 오피스텔을 보유할 예정이라면 분양 시점에 주택임대사업자로 등록할 것을 추천한다. 그렇게 되면 처음 분양 시점에 주택 임대사업자 감면을 받을 수 있고, 보유하고 있는 주택이 있다면 이 주택을 처분할 때 오피스텔에 대해서 거주용 주택에 대한 주택 수 제외를 인정받을 수 있다. 단, 한 번만 혜택을 받을 수 있다는 점은 유의해야 한다. 그리고 오피스텔을 보유하고 있는 동안 재산세는 주택과 동일한 방식으로 세금을 내기 때문에 상대적으로 적은 세금을 낼 수 있다.

다만, 주의해야 할 사항이 있다. 주택임대사업자로 오피스텔을 등록하게 되면 반드시 지켜야할 의무사항이 있다. 매년 임대료 상한선을 지켜야 하며, 의무 임대기간을 지켜야 하는 등 의무사항들이 있으니 이를 잘 지켜야 주택 수 제외를 인정받을 수 있다.

〈오피스텔 취득, 보유, 처분시 현행 세법〉

세금종류	용도	
	주거용	업무용
취득세	4.6%	4.6%
재산세	주택분 재산세 적용	건축물분 재산세 적용
양도소득세	주택 수 포함	주택 수 불포함
종합부동산세	주택 합산 과세	부속토지의 공시지가 합산액이 공제 한도 초과시 과세

다시 정리하자면 위의 표에서처럼 오피스텔을 처음 취득하는 시점에 내는 취득세는 세율이 동일한 것을 볼 수 있다. 하지만 재산세는 용도에 따라 산정하는 방식이 달라지므로 업무용인 경우 더 많이 내게 된다. 양도소득세는 다른 주택을 보유하고 있는 경우 중요하게 여겨지는데, 오피스텔을 주거용으로 가지고 있게 되면 주택 수에 포함이 되어 기존 주택 양도시 비과세를 받기 힘들어진다. 이럴 경우에는 시군구청에 주택임대사업자로 등록하여 거주주택 양도소득세 신고시 비과세 신청을 받을 수 있도록 사전에 준비를 하는 것이 중요하다.

거꾸로 주거용이었다가 업무용으로 바꾸려면 직접 업무용으로 사용하면서 사업자등록증상 사업장소재지가 해당 오피스텔로 되어 있어야 한다. 사업을 하는 임차인에게 임대를 해야 하며, 임대료 외 부가가치세도 신고해야 한다. 이때 세입자가 주소 전입을 하지 않도록 해야 한다는 점도 잊지 말자. 업무용인 경우는 주택 수에는 불포함되지만, 전입이 되어 있으면 업무용이라고 하더라도 주거용으로 본다는 점을 꼭 유의해야 한다. 실제로 업무용으로 사용한다는 것을 증빙해야 하기 때문이다.

오피스텔은 내가 일하지 않는 동안에도 꼬박꼬박 월세를 안겨주는 장점이 있다. 하지만 오피스텔에 대한 공부가 부족한 경우 월세를 받으려다가 양도소득세 등 세금 폭탄으로 힘들어지게 될 수 있어 주의가 필요하다. 반면 주거용과 업무용으로 활용하는 두 가지 경우를 잘 알고 투자한다면 편하게 월세를 받을 수 있다는 점은 큰 메리트이다.

10장

10년 후 당신의 자산을 10배 불려줄 마법의 투자전략 : 부동산편

미래 개발계획 공부로 저평가된 지역 찾기

혹시 '내가 이걸 미리 알았다면 떼돈 벌었을 텐데!'라며 후회해 본 적이 있는가? '타임머신을 타고 과거로 간다면 뭘 할까?'하고 생각해 본적이 있는가? '만약 나에게 과거로 돌아갈 수 있는 능력이 있다면?' 아마도 미래의 일을 미리 알 수 있는 능력이 있다면 그 사람은 해당 부동산을 저점에서 매수하여 큰 시세 차익을 볼 수 있을 것이다. '많은 사람들에게 재벌집 막내 아들의 진도준처럼 과거 한국경제를 경험한 후 다시 인생을 살 수 있는 기회를 준다면 얼마나 많은 부자들이 탄생하게 될까?'하는 생각이 든다. 하지만 안타깝게도 미래를 100% 예측할 수 있는 사람은 없다.

우리는 미래를 100% 맞출 수는 없지만 과거를 공부할 수 있다. 반복되는 역사를 공부함으로써 미래를 예측할 수 있다. 또한 매년 국가나 연구기관에서는 개발계획자료를 통해 앞으로의 정부 정책의 방향성을 알 수 있다. 일반적으로 정부는 앞으로의 정책 방향을 세우고 그에 맞춰 세부적인 계획을 세운다. 그리고 이 계획안을 많은 사람들이 볼 수 있도록 친절하게 홈페이지에 게재해 준다.

교통 계획의 중요한 축을 담당하고 있는 제4차 국가철도망 구축 계획은 국토교통부 홈페이지에서 확인할 수 있으며, 재건축 재개발의 경우는 지자체 홈페이지에서 '2030도시정비계획'을 통해 알 수 있다. 또한 '2030 서울시도시기본계획'을 통해 앞으로의 개발계획 방향을 알 수 있으며, 서울시 신속통합기획과 계획서를 통해 앞으로 재개발이 어떻게 이루어질지 알 수 있다. 이처럼 수많은 정보가 지자체 홈페이지를 통해 제공이 되고 있으니 관심 가는 지역의 홈페이지를 방문하여 공부해 볼 것을 추천한다.

지금이 저평가 구간일까?

누구나 부동산을 저렴할 때 사고 싶어한다. 하지만 말처럼 쉽지 않다. 저렴한 구간이 언제인지를 아는 것이 쉽지 않기 때문이다. 또한 부동산은 정책과 경제 상황에 따라 시장도 변화하기 때문에 변수가 늘 존재한다.

그렇다고 아무 때나 부동산을 구입할 것인가? 당연히 그렇게 해서는 안 된다. 부동산을 구입하는 데에는 적지 않은 돈이 들어가기 때문에 신중할 필요가 있다. 부동산은 말 그대로 유동적으로 현금화할 수 있는 자산이 아니므로 구입 전에 여러 가지 분석을 해보는 것이 좋다.

여러 가지 분석 방법 중 하나는 한국부동산원의 부동산통계정보시스템과 KB국민은행에서 제공하는 KB가격 지수를 통한 매매가격지수를 활용하는 방법이 있다. 이 홈페이지에서 제공하는 정보를 통하여 해당 부동산이 어느 정도의 기간 동안 상승하였는지 확인할 수 있다. 그리고 해당 부동산이 앞으로도 상승 여력이 있는지 아니면 하락 구간에 들어설 가능성이 있는지 매매가격 그래프를 통해 예측해 볼 수 있다.

또한 부동산통계정보시스템에서는 지역별로도 아파트 매매가격지수를 그래프로 볼 수 있다. 비교하고자 하는 지역들의 현재 시점의 아파트 가격이 저평가 구간인지 고평가 구간인지 객관적으로 살펴볼 수 있는 것이다. 전세가격지수도 함께 확인할 수 있으니 매매가격지수와 전세가격의 흐름이 어떻게 변해가는지 살펴보자.

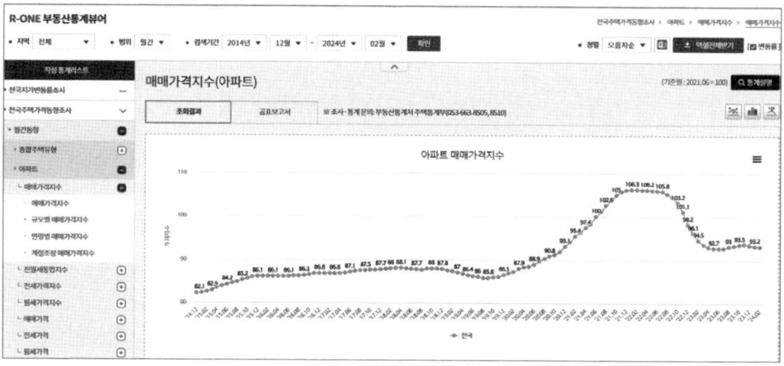

〈출처 : 한국부동산원〉

답은 현장에 있다

부동산 공부를 하는 데 있어서 사전조사는 중요하다. 사전 조사만으로도 알 수 있는 것들이 많기 때문이다. 하지만 사전조사만 하고 현장을 가보지 않으면 안된다. 네이버부동산, 아실, 호갱노노, 부동산통계정보시스템을 통해 사전 조사를 마친 이후에는 반드시 현장에 가서 분위기를 살펴보길 바란다.

부동산은 현장에서만 얻을 수 있는 찐 정보들이 많다. 일반적으로 실거래가 신고는 한두 달 늦게 올라오는 경우가 많으므로 현재 시점에서 분위기가 어떤지 직접 살펴볼 필요가 있다. 또한 현장에서만 들을 수 있는 현지부동산 소장님의 카더라 소문을 통해 좀 더 빠르게 정보를 접할 수도 있다.

요즘에는 여러 종류의 부동산 플랫폼, 부동산 카페, 경제 뉴스 등을 통해 많은 정보들이 공유되고 있다. 관심만 가진다면 정보를 어렵지 않게 얻을 수 있다. 많은 정보들을 얻고 현장을 가서 분위기를 살피는 활동들을 하다보면 어느새 부동산 고수로 진입하고 있는 자신을 발견하게 될 것이다.

기회는 준비된 자에게 온다. 가만히 머리 속으로 희망 회로만 돌리고 있다고 기회가 나에게 오지는 않는다. 기회인지 알지 못하는 자는 막상 기회가 가까이 와도 잡지 못한다. 내가 아는만큼 보이는 법이다. 평소 관심을 가지고 부동산 공부를 한다면 황금같은 기회가 왔을 때 냉큼 잡을 수 있는 용기와 배짱도 생기는 법이다. 황금의 기회를 잡는 사람이 될 것인가 황금같은 기회인지도 모르고 무심하게 지나쳐버리는 사람이 될 것인가? 이 모든 것은 평소 내가 보내는 시간에 달려있다.

교통망 분석으로 황금입지를 선점하라

여러분이 만약 단 하나의 부동산만 살 수 있다고 가정해보자. 단 하나의 부동산을 산다면 어떤 요소를 최우선순위로 두고 부동산을 고를까? 아마도 대부분의 사람들이 교통 여건이 좋은 부동산을 꼽을 것이다. 왜냐하면 우리는 사회생활을 해야 하며 일을 하기 위해 움직여야 하기 때문이다. 직장을 지하철로 편리하게 갈 수 있는 아파트는 버스를 이용하여 지하철로 환승해야 하는 아파트보다 인기가 있다.

교통이 좋은 아파트는 다른 곳으로 이동하는 시간도 절약해 주며 다른 교통수단으로 갈아타야 하는 수고로움도 덜어줄 것이다. 교통이 편리한 역세권 아파트는 돈으로 환산할 수 없는 '시간'을 선물해 주는 셈이다. 이렇듯 역세권에 대한 수요는 늘 많다. 수요가 많다는 것은 해당 부동산이 하락기에도 안전하며 추후 상승 가능성이 높은 자산이라는 뜻이기도 하다.

부동산 투자에 있어 역세권을 공부하는 것은 기본 중의 기본이다. 특히나 지하철이 없는 지역에 지하철이 놓이면 그 파급력은 상당히 크다. 불편했던 교통이 한 번에 해결되기 때문에 지하철이 생긴다는 계획이 세워지면 일단 그 지역 부동산에 대한 관심이 많아진다. 그리고 이는 곧 시세 상승으로 이어진다.

최근 GTX A노선 개통의 영향으로 동탄 아파트가 22억에 실거래가 되면서 GTX에 대한 기대감이 커졌다. 21년도에 준공된 이 아파트의 21년도 당시 거래가격이 7억 대에서 10억대였다는 것을 감안하면 3년 만에 두 배 이상의 상승을 했다는 것이다. 앞으로 GTX 노선이 집 앞에 있으냐 없느냐가 수도권 부동산 가격 상승에 큰 영향을 미칠 것이라는 것은 불보듯 뻔하다.

여러분이 만약 5년 전으로 돌아가서 미리 이 아파트가 크게 상승할 것을 알았다면 어떤 선택을 했을까? 대부분 미리 그 지역의 부동산을 공부했을 것이고, 매수하고 기다렸을 것이다. 우리에게는 예지 능력은 없지만 대부분의 부동산 정보의 경우 개발 계획이 나오기 전부터 국토교통부, 신문 등에서 앞으로의 교통망에 대한 예측이 나왔을 것이다. 이 말인즉슨, 우리가 부동산 공부를 미리 하고 있었더라면 기회를 잡을 수 있다는 이야기가 된다.

그렇다면 구체적으로 시세 상승은 어느 시점에 이루어질까? 지하철 개발 계획은 발표, 착공, 개통의 순서로 이루어진다. 그리고 일반적으로 발표 시점과 착공, 완공 시점 전후로 시세가 크게 오른다. 일반적으로 착공 시점이 매수 타이밍으로 안정적이라 할 수 있다.

만일 착공 시점에도 큰 가격 반영이 되지 않은 아파트가 있다면 기회라고 할 수 있다. 부동산 침체기에는 정말 큰 호재에도 잘 반영되지 않는 경우가 더러 있다. 이런 기회가 보인다면 떨어지는 칼날을 잡을 수 있는 용기를 내보는 것은 어떨까?

우리는 과연 어디서 이런 정보를 접할 수 있을까?

교통망의 큰 부분을 차지하는 철도망에 대한 미래를 알 수 있는 국가철도망 구축계획은 5년 주기, 10년 단위로 계획이 수립된다. 또한 GTX A노선에 대한 계획이 담긴 제2차 국가철도망구축계획은 2011년에 세워졌으며, 이미 2011년 예비타당성 조사에서 B/C값이 1.33을 얻어 통과를 하였고, 2019년도에 착공을 하였다.

부동산에 관심이 많은 투자자였다면 GTX의 미래가치를 알아보고 투자했으리라. 최근 22억 실거래가를 찍은 동탄역 롯데캐슬 아파트 102타입 분양가가 5억7천6백만 원이었다. 물론 2017년도 청약 당시에도 해당 평수는 145대 1의 엄청난 경쟁을 뚫고 당첨되었어야 했었다. 하지만 로또도 로또를 사야 당첨이 되는 기회를 얻는 것처럼 이 아파트의 미래가치를 미리 알고 청약에 도전했던 사람들만이 이 기회를 얻을 수 있었던 것이다.

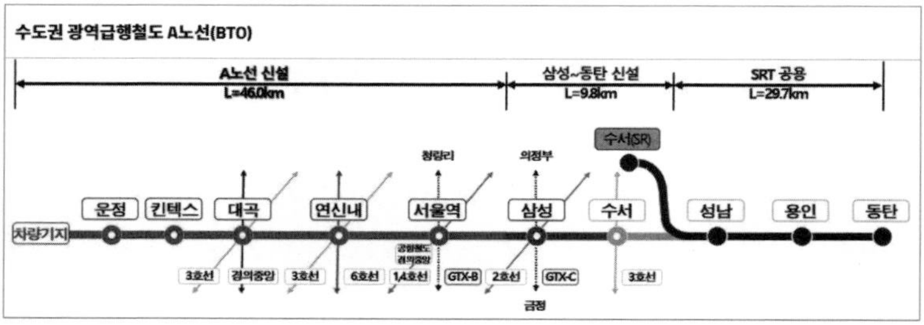

〈출처 : 국가철도공단〉

〈교통망으로 알아본 미래가치를 지닌 황금 입지는 어디인가?〉

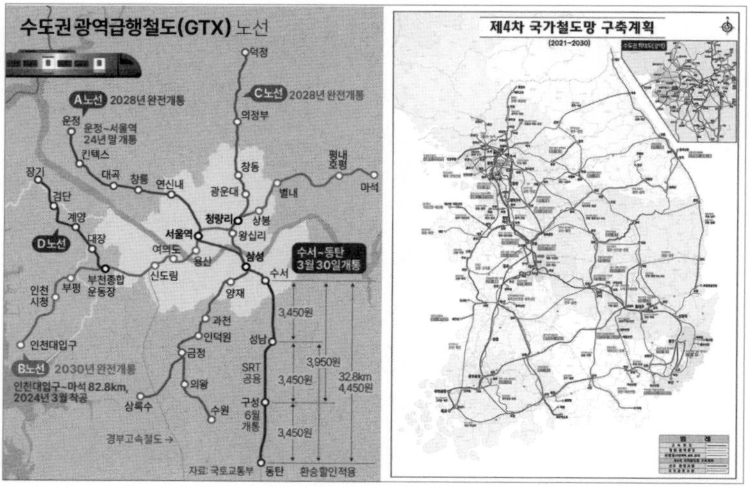

〈출처 : 국토교통부〉

대부분의 양질의 일자리는 서울과 수도권 일부에 집중되어 있다. 특히나 강남과 여의도에 수많은 기업들의 본사가 집중되어 있는 것이 현실이다. 그러나 모두가 직장과 가까운 곳에 살고 싶다고 모두가 서울 중심부에 살 수 없는 것 또한 현실이다. 이러한 문제점을 잘 알고 있는 정부는 수도권 광역급행철도(GTX)를 통해 수도권 어디서라도 서울 중심부와 빠른 시간내에 맞닿을 수 있도록 정책을 추진하고 있다.

우리는 발표한 이러한 교통계획을 살펴보면서 서울 중심부와 2시간 걸리던 지역이 GTX라는 교통수단으로 20~30분내로 도착할 수 있다면 어떻게 변화될 것인지 예측해 볼 수 있다. 앞서 살펴보았듯이 관심만 가지면 이런 정보들은 부동산 관련 기사에서도 충분히 살펴볼 수 있다. '부동산의 기본은 교통이다' 라는 것을 잊지 말고, 교통 계획에 관한 기사는 면밀히 살펴보자. 교통 계획은 곧 돈이 되는 정보라는 사실을 기억하자. 그리고 미리 한 발자국 먼저 움직이는 사람이 황금 입지를 선점할 수 있다는 것을 잊지 않길 바란다.

맹모삼천지교, 학군지가 집 가격에 미치는 영향

맹자는 어려서 아버지가 돌아가시고 어머니와 함께 살았다고 한다. 맹자가 처음 이사하였던 곳은 공동 묘지 근처였는데, 이곳에 살던 맹자는 장례를 치르는 상여꾼 흉내를 내며 놀았다고 한다. 이를 본 맹모는 묘지 근처는 자식 키울 곳으로 적합하지 않다며 '시장 근처'로 이사를 했다. 그러자 맹자가 시장 상인의 흉내를 내며 물건을 사고 파는 놀이를 하자 '시장 근처'도 자식을 키울 곳으로 적합하지 않다며 '서당 근처'로 이사를 하였다. 그제서야 맹자가 예법을 따르는 행동을 보였고, 비로소 맹모는 마음을 놓고 거주하게 되었다고 한다. 맹자의 어머니가 맹자의 교육을 위해 세 번이나 이사를 하였다는 '맹모삼천'이라는 사자성어가 있다. 이 일화는 주변 환경이 얼마나 중요한지에 대하여 말해준다.

주변에 좋은 사람들이 있으면 나도 모르게 좋은 영향을 받게 되고, 나쁜 사람들이 많으면 나도 모르게 안 좋은 영향을 받게 된다. 어쩌면 아이에게 좋은 환경을 조성해주려고 여러 번의 이사도 마다하지 않는 맹모가 있었기에 맹자가 훗날에도 존경받는 훌륭한 학자가 되었을 것이다. 현대 사회에도 자녀를 조금이라도 좋은 환경에서 키우기 위해 이사를 마다하지 않는 맹모들이 많이 존재하고 있다. 그래서인지 학군지의 부동산은 입학 시즌만 되면 들썩거리는 것을 볼 수 있다.

그렇다면 대체 학군지와 부동산 가격은 무슨 관련이 있다는 걸까? 앞서 밝혔듯이 부동산 가격은 수요와 공급에 의해서 향방이 갈린다. 공급에 비해 수요가 많으면 부동산 가격은 오르고, 수요가 적으면 부동산 가격은 떨어진다. 학군지의 경우에는 상대적으로 수요가 많다. 매년 겨울이 다가오면 학군지의 전세 가격이 오른다는 기사를 심심치 않게 볼 수 있다. 전세가가 오른다는 것은 학군지 아파트를 원하는 실수요가 많다는 뜻이다.

이번에는 학군지를 선호하는 엄마들이 집을 고르는 기준은 무엇일지 살펴보자. 엄마들이 선호하는 곳이 곧 실수요이기 때문이다. 엄마들은 과연 어떤 곳을 선호하는 걸까?

첫 번째, 아이들이 어릴 때는 집 주변에 등하원시킬 어린이집과 유치원이 있는지가 중요한 요소이다. 상대적으로 원비가 저렴하고 예산이 넉넉한 국공립 어린이집이나 국공립 유치원이 집 근처에 있다면 금상첨화다.

두 번째, 초등학교와 가까운지와 등하교할 때 다니는 길이 안전한가이다. 초등학교를 등교할 때 길은 몇 번 건너는지 큰 도로는 없는가이다. 특히나 대단지 아파트의 '초품아(초등학교를 품은 아파트)'는 매우 인기가 있다. 또한 주변에 유해 환경의 유무도 중요한 고려사항이다.

세 번째, 중학교 갈 무렵이 되면 중학교 학업성취도 평가 결과와 특목고 진학률을 살펴 본다. 요즘엔 초등학교 입학 전부터 이 부분을 고려한다. 아이들이 친구들을 사귀고 적응을 하게 되면 이사를 또 간다는 건 쉽지 않은 일이다. 그렇기 때문에 초등 전부터 중학교 학군을 고려하는 것이 좋다. 일반적으로 학군이라 하면 중학교 학군을 많이 이야기한다.

특히 일반고보다 특목고를 많이 보내는 중학교가 있는 지역을 좋은 학군으로 인정해 준다. 그 이유는 특목고가 일반고에 비해 압도적으로 상위권 대학의 진학률을 보이기 때문이다.

네 번째, 서울대 진학률과 4년제 진학률이 높은 고등학교가 많은 지역인지 살펴본다.

다섯 번째, 학원가가 주변에 잘 형성되어 있는지 본다. 주변에 학원가가 없으면 학원을 직접 데려다줘야 하는 수고를 해야 한다. 따라서 아이가 학령기에 있는 가정은 학원가가 잘 형성되어 있는 곳을 고르면 좋다.

부동산 매수를 고려할 때 학군지를 알아야 하는 이유는 엄마들의 학군지를 향한 관심이 아파트 가격에 영향을 준다는 데 있다. 강남과 목동이 학군지가 아니었다면? 아마도 지금의 높은 가격을 형성하지 못하였을 것이다. 학부모들의 선망의 대상이 되는 학군지는 전출하려는 사람보다 들어오려는 수요가 더 많기 때문에 가격은 높아질 수밖에 없다. 미래에도 엄마들의 자녀 교육에 대한 욕망이 존재하는 한 학군지에 대한 수요는 꾸준할 것이다.

그럼 이제 학군지라고 말하는 지역은 일반적으로 어떤 기준으로 이야기하는 건지 구체적으로 살펴보자. 아래 표를 보면 서울대 진학률, 4년제 진학률, 특목고 진학률, 학원 수 등의 항목을 주요 요소로 보는 것을 알 수 있다. 특히 강남구 대치동은 서울대 진학률과 학원 수가 압도적이다. 이어서 양천구 목동, 신정동과 노원구 중계동이 뒤를 잇고 있다. 학원들이 밀집된 지역은 학원 선택의 영역이 넓고 유명 강사들의 수업도 들을 수 있기에 인기가 좋다.

학군 정렬기준 ⑦   학원수 순

순위	학군	진학률(서울대)	진학률(4년제)	진학률(특목/자사고)	학원수
1 ▲1	서울 강남구 대치동	3.75%	96.66%	27.13%	1,442개
4 ▼1	서울 양천구 목동	2.41%	90.68%	24.65%	1,022개
51 ▼[illegible]	서울 양천구 신정동	1.18%	69.76%	15.45%	853개
39 ▼3	서울 노원구 중계동	1.07%	75.26%	9.75%	597개
21 ▼9	서울 서초구 서초동	1.87%	76.29%	17.94%	543개

〈출처 : 프롬피 아카데미〉

자녀를 유명한 대형학원에 보내기 위해 먼 지역에서 원정을 가는 일도 비일비재하다. 먼 곳에 사는 학부모들은 학업에 치인 아이들의 피곤함을 덜어주려고 학원 근처에 원룸을 월세로 얻기도 한다. 우리나라 부모들의 학구열은 대단하다. 따라서 대형 학원들이 몰려있는 학원가 근처의 주거시설은 매매 뿐 아니라 전·월세 수요도 많다.

"나는 아이가 없기 때문에 학군지가 상관없어"라고 생각하는 사람들도 있을 것이다. 물론 아이가 없으면 학군지에 대해 관심이 없을 수 있다. 나 역시 아이를 낳기 전에는 전혀 관심이 없었기 때문이다. 하지만 아이를 키우면서 학군지의 중요성을 많이 느끼게 되었고, 왜 학군지가 부동산 가격과 밀접한 연관성을 가지고 있는지를 알게 되었다. 학군지에 대해 알고 모르는 차이는 '부동산을 아는 자'와 '부동산을 모르는 자'의 차이라고 말할 수 있다.

학군지에 대해 알아야 하는 이유가 또 하나 있다. 매년 겨울이면 학세권 단지의 전세 수요는 급증한다는 것이다. 3월 입학 전에 학군지로 이사를 해야 하기 때문에 수요가 일시적으로 몰린다. 그렇기 때문에 학군지는 부동산 조정기에도 전세가뿐 아니라 매매가격도 크게 떨어지는 일이 없다. 이것이 자녀 유무와는 상관없이 부동산 분석할 때 학군지를 알아야 하는 이유이다.

숲세권, 공세권, 호세권을 노려라

최근 자연에 관한 관심이 많아졌다. 그래서인지 같은 단지 내에서도 호수나 강, 바다를 보는 동과 보이지 않는 동의 가격은 적게는 몇 천, 많게는 몇 억씩 차이가 난다. 미래에는 재택근무의 수요가 더욱 늘어날 것이 예상되며, 이에 따라 집 앞에서 누리는 자연환경의 가치는 날이 갈수록 높아져 갈 것이다.

이러한 추세에 따라 새로운 부동산 용어들이 생겨나기 시작했다. 우리는 주택 근처에 숲이 있으면 숲세권, 공원이 있으면 공세권, 호수가 있으면 호세권이라는 용어로 부르기 시작했다. 주변에서 산책을 할 수 있는 숲과 공원, 호수 등의 자연환경이 있는 곳은 지친 현대인들에게 쉼터 역할을 해준다. 매일 아침 공원주변을 산책하는 혜택을 누릴 수도 있고, 거실에서 강이나 바다를 바라보는 축복도 누릴 수 있다. 따로 여행지를 가지 않아도 여행을 온 듯이 여유로움을 누릴 수 있는 것이다.

또한 우리의 건강을 심각하게 위협하고 있는 미세먼지로 인하여 우리는 숲의 중요성을 느끼게 되었다. 자연 속에서 노는 아이로 자란 경우 정서적으로 안정되고, 창의성을 향상시키는 등 정서적인 발달에도 좋다는 이유로 이를 아는 부모들은 자연환경에 둘러싸인 주거단지를 선호한다.

그렇다면 투자목적으로 생각했을 때에도 자연환경을 고려하는 것이 좋을까하는 궁금증이 생겼다. 우리가 알고 있는 부촌들을 한번 살펴볼까? 용산의 한남동과 강남권의 부촌들은 모두 한강변에 있으며 산책할 수 있는 공원을 끼고 있다. 부촌들은 교통의 편리함과 편의시설의 요건만으로는 형성되기 힘들다는 것을 알 수 있다. 바로 주거단지 앞에 산책을 할 만한 강, 바다, 호수, 공원 등 자연환경까지 갖춰져 있어야 한다. 자연환경을 누리면서, 산책과 조깅을 하면서 건강도 챙길 수 있기 때문이다.

공원과 숲으로 둘러싸인 주거단지에 대한 인기는 우리가 주거단지를 선택할 때 '쾌적성'을 중요하게 선택하고 있다는 것에 대한 방증이기도 하다. 바쁘게 살면서 지친 현대인들에게 자연환경은 '휴식'을 가져다 주기 때문이다. 한강 주변과 서울숲, 광교호수공원, 센트럴파크 공원 등 주위의 아파트가 대표적인 경우로, 이곳들은 주위 타 단지에 비해 높은 시세를 형성하고 있는 것을 볼 수 있다.

한강변 사진

한강 주변 아파트의 경우 시세도 높게 형성되어 있을 뿐더러 한강이 직조망되느냐, 부분조망되냐, 전혀 조망이 되지 않느냐에 따라 각각 수 억원씩 가격 차이가 난다. 광교 원천호수 주변 아파트의 경우도 마찬가지이다. 분양 당시 분양가가 몇천만 원 정도의 차이였다는 것을 고려해 본다면 당시 호수뷰 동을 분양받은 사람들은 그야말로 로또를 맞은 행운을 득한 셈이다.

호수뷰나 한강뷰 아파트는 희소성을 가지고 있다. 많은 사람들은 이러한 조망을 갖춘 주택에 대해 높은 많은 관심을 가질 것이기에, 이런 조망권을 갖춘 아파트는 향후에도 인기를 누릴 것이다. 자연환경을 고려한 주거단지의 선택은 이제 필수적으로 고려해야 할 대상이다.

부동산 불황기에는 거래가 잘 되지 않기 때문에 좋은 물건을 저렴하게 살 수 있는 기회가 존재한다. 반면 부동산 활황기에는 전체적으로 가격이 오를 뿐더러 저가 아파트와 고가 아파트와의 격차가 더 벌어진다. 즉 호황기에는 더 많은 가격을 지불하여야 더 좋은 우량 물건을 살 수 있다. 따라서 불황기에는 적은 갭 차이로 좋은 기회를 잡을 수 있다는 점을 알아야 한다.

자연환경에 둘러싼 주거단지는 시간이 지날수록 주거만족도를 높여줄 것이다. 공원이나 호수로 지정된 구역은 도시의 일정 비율 이상을 의무적으로 유지하여야 하기 때문에 다른 용도로 쉽게 바뀌지 않는다. 즉, 집 앞에서 반영구적으로 누릴 수 있는 환경이라는 것이다. 소득수준이 높아져 감에 따라 이런 곳들의 수요가 더욱 늘어날 것이므로 자연환경을 갖춘 주거단지에 주목해 보자.

헌집 줄게, 새집 다오
: 재건축 아파트와 단지 내 상가 투자

재건축 아파트 투자

"두껍아 두껍아
헌집 줄게 새집 다오"

모래놀이터에서 손을 모래 속에 넣고 이 노래를 부르면서 뛰놀던 어린 시절이 있었다. 지금은 모래놀이터도 많이 사라지고 이 노래도 추억 속에 남아 있다. 어린 아이들도 새집이 좋은가보다. 그렇다. 새 아파트의 메리트는 많은 사람들이 알고 있다. 좀 더 쾌적하고, 편리한 커뮤니티 시설로 같은 입지에 같은 돈이면 모두 새 아파트를 선택할 것이다. 하지만 입지가 좋은 새 아파트는 비싼 가격을 지불해야 하기 때문에 부담스럽다. 그러나 적은 돈으로 입지 좋은 곳에 거주하면서 새 아파트를 받을 수 있는 방법이 있다. 그건 바로 재건축이 될 아파트를 찾는 것이다.

우선 사업성 있는 재건축 아파트를 고려한다면 해당아파트가 재건축을 했을 때 수익성이 나올지 검토해 봐야 한다. 재건축 사업성 검토를 위해선 해당 아파트의 용적률, 용도지역, 세대수, 해당 단지의 평형 구성 등 여러 가지를 보아야 한다.

정확한 것은 직접 계산을 하는 것이지만 부동산 어플로 간단하게 확인하는 것도 도움이 된다. 최근에 지인이 구입한 송파구의 한양2차 아파트를 다원중개 어플에서 검색해 보았다.

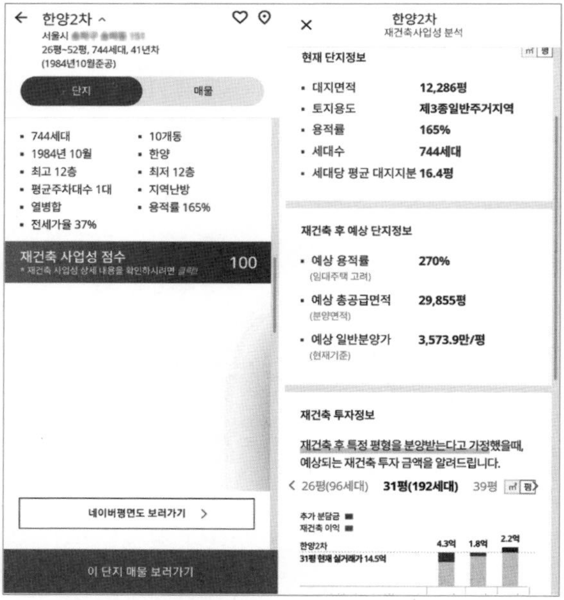

〈출처 : 다원중개〉

위 아파트는 용적률이 165%이고, 해당 아파트가 3종일반주거지역이기 때문에 재건축시 예상 용적률을 270%로 고려시 세대당 평균 대지지분이 16.4평이 나온다. 일반적으로 35평 기준 대지지분이 15평 이상은 나와야 사업성이 있다고 보므로 해당 단지는 사업성이 좋은 편이라 할 수 있다. 현재 조합설립 후 안전진단을 통과하고 재건축이 진행이 순항 중이다.

2026년이 되면 1기 신도시 아파트의 연식이 30년이 되는 노후주택이 27.5만호에 이르게 된다. 연일 재건축을 활성화시키기 위한 정책이 나오고 있다. 30년 이상 아파트 안전 진단을 면제시켜준다는 정책이다. 과거 사업성을 악화시켰던 초과이익환수제도 완화가 되었다. 재건축아파트의 투자 사업성이 조금 더 좋아진 상황이다. 하지만 최근 원자재 가격 상승으로 재건축 투자에 대한 불확실성은 여전히 높은 상황이다. 따라서 이제는 과거처럼 추가분담금 없이 새 아파트를 받는 것을 기대하기는 힘들 수 있다는 점을 유의해야 한다.

향후 몇 년간은 재건축 아파트 이슈가 많이 거론될 것이다. 서울과 수도권의 1기 신도시 중 30년 연한이 도래하는 가구들이 많은 부분을 차지하면서 공급을 늘리기 위한 재건축 활성화 정책은 계속될 것이다. 입지가 좋으면서 사업성 좋은 재건축 아파트 투자는 여전히 유효하지만, 원자재 가격 상승을 예측할 수 없는 만큼 추가분담금 이슈에 대한 고려도 꼭 해야한다는 점 잊지 말자.

재건축 단지내 상가 투자

어느 날 남편이 경매 물건 리스트를 뽑아 왔다.

남편 : "○○동에 물건이 괜찮은 게 하나 나왔는데, 이거 어때?

나 : "그거 사서 뭐하려고?"

남편 : "거기에다가 음악장비를 넣고 빔 프로젝트도 넣고….'

나는 못마땅한 표정으로 쳐다보았다. 집 장만도 못했는데 가진 돈을 다 털어서 상가를 사자니 한숨이 나왔다. 본인만의 공간을 가지고 싶은 우리 남편의 오랜 꿈이기도 했던 걸 알기에 그냥 그 자리에서 딱 잘라 말하기는 어려웠다. 그래서 이왕 상가를 살 거면 앞으로 계속 가지고 있어도 돈이 되는 상가로 사기로 하였다.

갑자기 지인의 아파트가 재건축을 했던 때가 생각이 났다. 당시 오래된 아파트의 단지 상가였는데, 재건축이 되니 상가 소유주들은 새 아파트의 단지내 상가를 받을 수 있게 되었다. 당시 상가 가격이 굉장히 저렴했다는 것을 알기에 오랫동안 기다릴 수만 있다면 저렴한 가격에 노후 대비로도 좋은 상가를 살 수 있는 기회라 생각이 들었다.

어느 날 경매사이트에 올라온 오래된 아파트의 단지내 상가 물건이 눈에 보였다. 당시 네이버 부동산에는 용적률*이 제대로 적혀 있지 않았다.

해당 단지는 용적률이 100% 정도였고, 3종 주거지역이었다. 게다가 가격도 저렴해서 이 정도면 큰 무리 없이 상가를 사줄 수 있는 상황이었다.

경매 진행일이 되기 전 상가에 방문하여 현장 상황을 살펴보았다. 오래전에 사무실로 쓰던 곳인데 현재는 임차인이 없는 듯했다. 별도 공간으로 구분이 되어 있어 다른 상가의 방해를 받지 않아 좋았다. (주의점 : 구분이 애매 모호한 상가도 많다. 이런 상가 매수는 추후 매각이 어려울 수 있어 유의해야 한다.) 드디어 경매 진행하는 날이 다가왔다. 당시 부동산 경기가 침체된 상황이기도 했지만 해당 물건을 낙찰받아 월세를 받기 힘들어 보여서 그런지 사람들의 관심이 별로 없었다. 그 결과 단독 낙찰이었다. 안에 오래된 가구들이 있었는데 법원에 인도명령을 요청할 수도 있지만 시간이 오래 걸리므로 전 소유주와 소액의 합의금으로 협의하기로 하였다. 물건에 대한 포기각서를 받으면 해당 물건을 처분할 수 있기 때문이다.

다행히 소유주와 연락이 닿아 가구에 대한 포기각서를 받을 수 있었다. 합의금을 주는 것이 아깝기는 했지만 시간을 아끼는 차원에서 빠르게 처리를 하는 편이 속편하고 깔끔했다. 이렇게 남편 취

---

* 용적률이란 대지면적에 대한 연면적의 비율을 말한다. 일반적으로 용적률이 낮을수록 재건축 사업성이 좋다.

미용 상가는 마련이 되었다. 그리고 이 아파트가 재건축이 진행이 되어 새 상가로 변신할 날을 기다리며 오랜 시간동안 함께할 것이다.

최근 재건축 아파트 상가의 평당 가격이 나날이 치솟고 있다. 소위 재건축 상가 투자가 재테크의 수단으로 많이 알려진 듯하다. 그 이유인즉, 재건축 진행시 상가 협의회와 협의하여 산정비율을 결정할 수 있는데, 이 산정 비율에 따라 아파트 분양권으로 받을 수도 있기 때문이다. 새 상가로 받아도 좋고, 아파트 입주권을 받아도 좋은 숨겨진 보물이다. 게다가 상가이기 때문에 주택 수에 포함되지 않으니 내 집 마련 후 장기 투자하는 물건으로 고려하면 좋다.

단 유의해야 할 점이 있다. 재건축 예상 단지에 대한 상가투자는 적은 비용으로 큰 수익을 얻을 수 있는 재테크 수단이기도 하지만 재건축 진행시 상가가 재건축 대상에 포함이 안 될 위험도 있다. 상가 주인과의 분쟁으로 상가를 제척하는 경우도 종종 있기 때문이다. 따라서 단지내 상가 위치와 다양한 변수들을 고려하여 투자를 진행해야 한다는 점을 유념하는 것이 좋다.

★ 알아두면 유용한 부동산 플랫폼

종류	사이트 주소	특징
청약홈	www.applyhome.co.kr	청약일정 및 정보 제공, 청약가상체험 가능
네이버부동산	land.naver.com	부동산 종류별 상세필터로 매물, 시세, 향, 급매 등 확인가능하며 가장 많이 사용됨
호갱노노	hogangnono.com	상세필터링을 통한 검색기능, 수요자의 관심도 입주민들의 거주 만족도 확인
아실	asil.kr	가격변동, 여러단지 비교, 매물증감, 거래량 등 다양한 정보 제공
부동산 지인	aptgin.com	적정수요 대비 입주 물량 파악
씨:리얼	seereal.lh.or.kr	LH에서 제공하는 부동산 정보
부동산 플래닛	www.bdsplanet.com	아파트, 빌라의 노후도 확인, 재개발·재건축 사업 전망
다원중개	dawin.xyz	거래량, 재건축사업성 분석, 개발호재, 일자리수
직방	www.zigbang.com	인구흐름, 아파트뿐 아니라 빌라도 확인 가능
밸류맵	www.valueupmap.com	상업용 건물 매매 시세 확인
디스코	www.disco.re	토지, 단독주택, 다가구, 상업용 건물
랜드북	www.landbook.net	토지 개발을 위한 토지 가격, 임대 시세 분석을 통한 시뮬레이션 제공
정비사업 정보몽땅	cleanup.seoul.go.kr	서울시 내 재개발·재건축 사업관련 정보

땅야	www.ddangya.com	토지의 실거래가 확인 및 지목, 용도, 가격, 면적 제공
토지이음	www.eum.go.kr	토지이용계획, 도시계획
네모	www.nemoapp.kr	상가, 사무실 구할 때 이용, 매출, 주거인구, 유동인구, 가구수, 사업자 수 등 정보 제공
한국부동산원	www.reb.or.kr	전국주택 가격동향, 실거래가지수, 부동산거래동향
부동산통계 정보시스템	www.reb.or.kr/r-one	주간 아파트 동향, 매매 실거래가격지수, 부동산 거래현황 제공
KB부동산	kbland.kr	매수우위지수, 전세수급지수, 주택가격동향
대한민국법원 법원경매정보	https://www.courtauction.go.kr/	경매 무료 사이트
옥션원	www.auction1.co.kr	경매 유료 사이트
탱크옥션	www.tankauction.com	
더원경매	www.act1.co.kr	
온비드	www.onbid.co.kr	자산관리공사에서 운영하는 공매 무료 사이트
국토연구원	www.krihs.re.kr	매매·전세시장 소비심리지수 확인
한국은행 경제통계시스템	ecos.bok.or.kr	주택가격전망지수CSI, 소비자심리지수CCSI 확인

★ 현장답사 체크리스트

	체크사항	체크박스
교통	지하철 역과의 거리는 몇 m인가?	
	직장까지 교통편은 어떤가?(지하철, 버스 등)	
	지하철 배차간격은 어떤가?	
	앞으로 교통 호재는 있는가?	
학군	인근에 유치원과 초등학교 있는가?	
	초등학교는 길을 건너지 않고 갈 수 있는가?	
	주변에 중학교와 고등학교가 있는가?	
	주변 학원가는 있는가?(학원 수준 체크)	
환경	주변에 공원, 산, 강, 바다 등 자연환경과 가까운가?	
	마트나 쇼핑몰 등 편의시설은 가까운가?	
	병원 등 의료시설은 주변에 있는가?	
	주변에 선호시설(문화시설 등)은 있는가?	
	주변에 혐오시설은 없는가?	
일자리	주요 일자리와의 거리는 가까운가?	
	앞으로 일자리가 많아지는 지역인가?	
시세	평형별 시세는 어떻게 되는가?	
	임대수요는 많은가?	
	옆 단지와의 가격 차이는 얼마나 나는가?	
	매매시세와 전세시세는 어떠한가?	
단지 특성	거주민의 평균연령은 어떻게 되는가?	
	해당 동네에서 가장 선호하는 단지는 어디인가?	
	해당 단지에서 가장 선호하는 동은 어디인가?	
	아파트 내부 하자는 없는가?	
	집 내부 구조는 어떤가?	

3부. 퇴직 전 30억 만들기 프로젝트

11장

10년 후 당신의 자산을 10배 불려줄 마법의 투자전략 : 주식편

시장수익률을 뛰어넘는 주식 고르는 법

"결국 우수한 기업은 성공할 것이고, 그저 그런 기업은 실패할 것이다. 우수한 기업과 그저 그런 기업에 각각 투자한 투자자들은 그에 따라 보상받을 것이다."

– 피터 린치

우리는 늘 자산을 불려줄 주식이 무엇인지에 대해 관심을 가지고 있다. 하지만 어떤 주식을 사야 좋은지에 대한 명확한 기준을 가지고 있는 사람은 많지 않다. 우리는 미래 가치를 지닌 밸류에이션을 갖춘 기업은 어떤 특징을 가지고 있는지 살펴볼 필요가 있다. 그렇게 해야 주식을 고르는 안목이 생기기 때문이다.

이 챕터에서는 S&P 500지수보다 더 높은 시장수익률을 상회하는 주식을 고르는 데 도움이 될만한 정보를 다루는 것에 주안점을 두고자 한다. 미래를 정확하게 예측할 수는 없다. 하지만 밸류에이션이 높은 기업은 성공할 가능성이 높고, 그 기업에 투자한 투자자들은 보상을 받을 가능성이 높다.

좋은 주식을 고를 수 있는 안목을 가지고 투자한다면 설령 경제위기로 해당 주식이 폭락하더라도 경제위기를 매수의 기회로 삼는 용기도 가질 수 있다. 이렇게 투자한 사람들은 시장 전체에 투자한 투자자들보다 더 높은 수익을 차지할 수 있는 것은 물론이다.

앞으로 무엇이 시장을 선도할 것인가?

시장수익률을 뛰어넘는 주식을 고르려면 앞으로 미래에 무엇이 유망할지 알아야 한다. 많은 사람들이 예상하듯 세상의 관심은 인공지능에 향해 있다. 우리는 시대의 흐름을 따라 인공지능에 많은 투자를 하고 있는 기업, 세상을 빠르게 선도하고 있는 기업에 주목해야한다. 지난 10~20년간 나스닥 상장 기술주는 엄청난 주가 상승을 하였다. 앞으로 10년 이상 이러한 흐름은 계속될 가능성이 높다.

매출성장률과 주당순이익이 높은 기업을 주목하라

기업분석의 기본은 기업이 이익을 내고 있는지 살펴보는 것이다. 이익을 내고 있지 않은 기업이 주가 흐름이 좋을 수는 없다. 피터 린치는 투자자들에게 핵심적인 재무제표에 집중하라고 하였다. 일관되고 강력한 실적의 성장은 기업의 건전성과 미래 잠재력을 보여주는 지표이기 때문이다.

주식을 분석할 때 매출 성장률은 중요하다. 꾸준한 매출 성장률을 보이는지 살펴봐야 함과 동시에 모든 비용을 뺀 후에도 기업의 순이익이 지속적으로 증가하는지도 살펴보아야 한다. 기업 분석 시 매출액과 주당 순이익(EPS)* 의 흐름과 전망치를 확인하는 습관은 매우 중요하다.

특히 매년 20% 이상 높은 매출 성장률을 지닌 주식 종목은 주목해봐야 한다. 매년 20% 이상 매출 성장률을 보인다는 것은 S&P500 기업의 매출 성장률보다 3~4배 높은 성과이다. 지속적으로 높은 매출성장률과 매년 주당순이익의 성장을 지속하려면 지속적인 혁신과 훌륭한 경영진이 뒷받침되어야 한다.

고객지향 관점을 가진 훌륭한 경영진이 있는지 살펴보라

기업은 커다란 배와 같다. 배를 운전하는 선장의 역할이 중요하듯이 기업에 있어서 CEO의 역할은 대단히 중요하다. 아마존은 단기적으로 기업의 이익에 좋지 않은 영향을 미칠 수 있지만 장기적인 비전을 생각하고 아마존 프라임을 출시하였다. 아마존 프라임 출시는 단기적으로는 비용이 많이 들기 때문에 매출이익에 좋지 않은 영향을 미쳤다. 하지만 소비자들이 신속하게 제품을 받고

* EPS란? 회사의 순이익을 발행 주식으로 나누어 계산되는 회사의 수익성을 측정하는 지표이다. 주당순이익이 높을수록 수익성이 높다는 것을 나타내며, EPS가 지속적으로 증가한다는 것은 주가 상승으로 이어질 수 있다.

자 하는 욕구를 충족시켰기에 장기적으로는 고객 충성도를 높였고, 고객의 배송비를 아끼게 해주었다. 이러한 고객지향 관점을 지닌 CEO가 있었기에 아마존은 인터넷 초기 온라인 유통업계의 거물이었던 이베이를 앞지를 수 있었다.

시장 규모를 살펴보라

글로벌 검색시장에서 구글은 상당한 점유율을 차지하고 있다. 구글의 점유율은 2024년 기준 약 87퍼센트 정도이며, 현재 전 세계 마케팅 지출의 약 22퍼센트가 구글로 흘러 들어간다. 이는 엄청난 수치이다. 구글은 사람들이 정보에 편리하게 접근할 수 있도록 하였으며, 세상 모든 정보를 빠르게 찾을 수 있게 하였다. 전 세계 광고 지출 시장 규모는 1조 달러에 가까울 정도로 크며, 이처럼 큰 시장 규모는 구글이 40분기 연속 평균 23%의 매출성장률을 달성할 수 있도록 하였다.

시장수익률을 달성하는 것이 목표라면 시장 전체에 투자하는 ETF를 사면 된다. 하지만 시장수익률을 뛰어넘는 주식을 찾고자 한다면 밸류에이션이 좋은 기업을 찾아야 한다. 매일 뭘 살지 고민할 필요까지는 없다. 일 년에 한 두개의 좋은 기업을 발견한다 하더라도 대단히 성공하는 것이다. 꾸준히 기업의 실적과 재무제표를 보는 습관을 들이고, 경제 뉴스에 관심을 기울이다 보면 어느새 주식 고수가 되어있는 자신을 발견하게 될 것이다.

미국주식에 장기투자해야 하는 이유

2020년 초 코로나 팬데믹 이후 전 세계는 전염병에 대한 공포에 휩싸였고, 전염병을 차단하기 위한 조치들은 소비가 얼어붙게 하여 경제가 큰 위기를 맞이하였다. 세계경제는 큰 충격에 휩싸였고 미국은 달러를 풀기 시작했다. 시중에 풀린 엄청난 양의 돈으로 인해 자산시장은 꿈틀대기 시작하였다. 당시 우량주들은 코로나 팬데믹으로 인한 경제위기라는 외부적 요인만으로 20% 이상 주가가 하락하였다.

이 기회를 놓칠 수 없었다. 당시 조금씩 저축했었던 적금을 해지하여 우량주에 집중 투자하였다. 그리고 매달 월급으로 미국 우량주식을 매입하였다. 당시 환율은 최고치를 찍었으며, 세계 경제는 불확실성이 큰 상황이어서 미국주식을 사는 것은 모험에 가까웠다. 게다가 당시 나는 환전하는 법도 몰랐던 주린이었다.

왜 미국주식인가

주린이었던 내가 한국도 아닌 미국이라는 나라 주식에 투자하기로 결정했었던 이유는 코로나로 인하여 풀린 통화량은 결국 다시 미국이라는 나라로 돈이 수렴할 것이라 생각되었기 때문이다. 기축통화인 미국 달러는 안전자산으로 더욱 가치있는 자산이 되었다.

전 세계 주식시장에서 미국주식시장은 55%를 차지하고 있다. 반면 한국주식시장은 전 세계 주식시장의 1.3%를 차지한다. 미국주식시장이 150년 오랜 역사를 가지고 있다는 점과 미국기업이 주주친화정책을 펼친다는 점은 다른 나라 주식에 비해 충분히 매력적으로 여겨졌다.

10년 후에도 좋은 주식은 어떻게 골라야 할까?

'당장 내일도 어떻게 될지 모르는데 10년 후를 바라본다고?'하고 질문할 수 있다. 물론 10년 후를 바라보는 것은 쉽지 않은 일이다. 하지만 기업에 투자를 한다는 것은 긴 호흡이 필요하다. 우리는 장기 투자를 해도 마음이 놓일만한 미래 잠재력이 충분한 기업에 투자를 해야 한다.

주가에 영향을 미치는 요인은 정말 여러 가지이다. 실적이 원인일 수도 있고, 심리적인 요인도 있으며, 소비자들의 수요가 크게 증가하는 것과도 연관이 있다. 때로는 기업가의 발언이 원인이 되기도 한다. 우리는 재무분석을 통해 재무안전성이 높고 앞으로도 수익이 늘어날 만한 기업을 골라야 한다.

'과연 이 기업이 10년 후에도 지금처럼 승승장구할 기업일까?'

'앞으로 해당 기업이 주력하고 있는 시장이 커질 것인가?'

이런 질문에도 불구하고 안심이 되는 주식이라면 소중한 돈을 해당 주식에 투자하고도 마음 편히 잘 수 있을 것이다.

기업의 실적은 중요하지만 절대적이지는 않다. 장기적으로 바라보라

기본적으로 실적은 굉장히 중요하다. 그렇기 때문에 분기 실적 발표 즈음이 되면 많은 투자자들이 실적발표가 주가에 큰 영향을 미칠 것으로 예상하고 실적발표 전에 매입해야 하는지 고민한다. 또는 실적발표 이후 실적만 보고 주식투자 결정을 감행하기도 한다. 실제로 실적이 예상치보다 좋으면 주가가 급등하기도 하고 전망치보다 실적이 좋지 않으면 주가가 하락한다.

그렇다면 실적과 주가와의 상관관계는 얼마나 있을까? 실적이 좋으면 주가의 흐름도 좋은 것은 당연하다. 하지만 실적은 좋게 발표가 되었으나 주가는 떨어진 예도 있으며, 실적은 좋지 않지만 주가는 상승하는 예도 있다. 따라서 실적이 절대적이지는 않다.

〈아마존 사례〉

2018년 2분기 매출은 시장 예상치보다 낮았으나 실적발표 이후 주가는 상승하였다. 그 이유는 AWS 부문의 성장과 수익성이 크게 증가한 것이 긍정적으로 평가되었기 때문이다.

〈애플 사례〉

2018년 4분기 매출과 순이익 모두 시장 예상치를 상회하였으나, 주가는 약 7% 하락하였다. 그 이유는 매출 가이던스를 하향 조정함으로써 투자자들의 우려를 불러일으켰기 때문이다.

실적발표는 투자에 있어서 중요하게 참고할 사항이다. 하지만 단기적인 실적발표에 연연하다가는 큰 그림을 못 볼 가능성이 있다. 따라서 큰 틀에서 경제상황, 기업의 가치 등 다양한 변수들을 종합적으로 분석하는 습관을 들이자. 즉 기업에 대한 단기적인 시야가 아닌 장기적인 시야를 가지자는 이야기이다.

펀더멘탈이 좋은 우량주을 찾았다면 우리가 해야 할 일은 10년 이상의 장기적 관점을 가지고 인내심을 가지고 꾸준히 매수하는 것이다. 그러다 잠시 흔들리는 시점이 오면 과감히 매수하는 용기를 내보자. 아무리 좋은 주식이라 할지라도 경제 상황에 따라 추락하는 경우가 있다. 이때 나만의 철학이 없다면 과감히 매수하는 용기를 내기 어렵다. 평소 관심을 가지고 공부를 해야 확신을 가지고 투자할 수 있으며, 외부 상황이 흔들리더라도 심리적으로 흔들리지 않을 수 있다.

주식투자가 심리게임이라고 하는 것이 여기에 이유가 있다. 심리 싸움에서 이기는 방법은 내가 투자하는 대상에 대한 신뢰뿐이다. 해당 기업에 잘 알지 못하고 신뢰할 수 없다는 것은 자칫 수많은 정보에 의해 흔들리기 쉽다. 또한 지금 당장의 수익률, 1년, 2년의 수익률에 일희일비하지 말고 보다 장기적으로 최선의 수익률을 높이는 데에 집중하자. 그러면 오랜 시간 동안 누적된 수익들로 궁극에는 엄청나게 큰 효과를 보게 될 것이다.

워런 버핏도 추천하는 ETF투자

"내가 죽으면 재산의 90%는 S&P500 인덱스 펀드에, 나머지 10%는 미국 국채에 투자하라"

–워런 버핏

ETF에 투자 해야하는 이유

세계적인 투자가 워런 버핏은 'S&P 500 인덱스 펀드'는 전체적으로 잘 될 수밖에 없는 기업들에 대해 투자하기 때문에 "일반인들에게 최선의 선택"이라 말한다. 또한 "전업으로 주식투자를 하지 않을 것이라면 통째로 S&P지수를 사는 것이 낫다."라며 일반인들은 S&P500지수 추종하는 ETF를 살 것을 추천하였다.

워런 버핏이 S&P500지수 추종하는 ETF를 추천하는 이유는 무엇일까? ETF는 편리하게 투자할 수 있다는 장점도 있지만 수익률도 꽤나 매력적이다. 매달 200불씩 매수하게 된다고 가정하였을 때 10년이면 40,300불, 20년이면 146,000불, 30년이면 423,900불을 수령할 수 있고, 매달 800불씩 매수하게 되면 30년 후에 무려 1,600,000불을 수령할 수 있게 된다. 한화로 환산하면 1,040,000원씩 매달 S&P ETF를 꾸준히 매수하게 되면 30년 후에 20억 8천만원을 수령하게 된다는 것이다. 좋은 기업을 고르려고 애쓰지 않는다고 하여도 10년 후면 1.6배, 20년 후면 3배, 30년이면 5.8배의 수익을 가져올 수 있다니 너무 매력적이지 않은가?

투자 기간	200 PER MONTH		600 PER MONTH		800 PER MONTH		예상 수익률
	원금	수익	원금	수익	원금	수익	
10년	24,000	40,300	72,000	120,800	96,000	161,100	168%
20년	48,000	146,000	144,000	438,100	192,000	584,200	304%
30년	72,000	423,900	216,000	1,200,000	288,000	1,600,000	589%

데이터 출처 : author. 달러 총액은 가장 가까운 $100로 반올림

S&P 500 지수는 지난 30년 동안 누적수익률 1720%을 기록하였으며, 이를 연간 수익률로 환산하면 연간 14.4%의 수익률이 된다. 이는 일반 예금 수익률이 3% 대에 불과한 것과 비교하면 엄청나게 높은 수익률이라고 볼 수 있다. ETF 투자는 기업을 분석할 줄 몰라도 되며, 그저 그냥 매달 꾸준하게 기계처럼 사기만 해도 위의 수익률을 달성할 수 있다. 따라서 시간이 절대적으로 부족한

직장인들에게는 더할 나위 없이 매력적인 상품이 아닐까 싶다.

워런 버핏은 ETF에 대해 다음과 같이 이야기하였다.

"좋은 투자를 식별하려면 개별 기업과 해당 기업이 운영되는 산업에 대한 이해가 필요합니다. 이러한 지식을 쌓는 데는 시간이 걸리며, 모든 주식 시장 섹터를 정기적으로 조사할 수 있는 충분한 시간을 가진 사람은 거의 없기 때문에 투자자는 S&P 500 인덱스 펀드를 사용하여 지식 격차를 보완하고 포트폴리오를 다양화할 수 있습니다.

분명히 말하자면, 다각화가 주식 시장에서 돈을 버는 데 필수적인 것은 아니지만 집중된 포트폴리오에 내재된 위험을 완화합니다. 저는 그것이 매우 매력적이라고 생각합니다. 저는 포트폴리오의 상당 부분을 개별 주식에 투자하고 있으며, 그 중 다수는 기술 섹터에서 나오고 나머지는 Vanguard S&P 500 ETF에 보관합니다.

저는 두 가지 이유로 이 전략을 좋아합니다. 첫째, 내 개별 주식이 S&P 500 지수를 능가하면 내 전체 포트폴리오가 시장을 능가할 것입니다. 둘째, 내 개별 주식의 수익률이 S&P 500보다 낮더라도 S&P 500은 지난 10년 동안 연간 14.30%의 수익률을 기록했기 때문에 내 포트폴리오는 여전히 상당히 좋은 성과를 낼 것입니다."

투자는 부를 이루게 해줄 수도 있지만, 잘못된 투자는 재산을 모두 날려버리게 할 수도 있을 정도로 위험하다. 투자자로써 현명함과 지혜를 가지고 있다면 부를 가지고 올 수 있지만 그렇지 못하다면 소중한 재산이 순식간에 사라질 수도 있는 것이다. 투자를 하는데 있어서 좋은 기업을 찾아낼 만한 자신만의 철학을 가지고 있지 않다면 차라리 시장 전체를 사버리는 편이 훨씬 현명한 선택일 것이다. 시장 전체를 매수하여 오랫동안 기다리면 위험도는 낮은 확률로 줄어들기 때문이다.

〈어떤 S&P500 ETF를 고르는 것이 좋을까?〉

ETF종류	티커	운용사	최근 1년 수익률	1주당 가격	운용 보수	회당 평균 배당금
SPDR S&P 500 ETF Trust	SPY	스테이트 & 스트리트	22.25	550.15	0.09%	1.5153
iShares Cor S&P 500 ETF	IVV	아이셰어즈	22.37	552.96	0.03%	1.5742
Vanguard S&P 500 ETF	VOO	뱅가드	22.37	505.60	0.03%	1.4518

(2024.7.22일 기준)

대표적인 ETF인 SPY SPDR S&P500 ETF TRUST는 1993년에 최초로 상장한 ETF이며 가장 많이 거래되는 ETF이다. 하지만 세 ETF 중에서는 가장 운용보수가 높다. 워런 버핏은 '수수료가 낮은 S&P500 인덱스 펀드에 투자하라'라고 하였다. 모두 수수료의 차이와 미세하게 투자기업 배분 비율에 차이가 있을 뿐 S&P 500 지수를 추종하는 인덱스 펀드로서, 전체 시장 지수를 추종한다는 면에서 큰 차이가 없기 때문이다. 운용사의 신뢰도와 세부 투자기업들의 목록을 살펴본 후 적합한 것을 골라보자.

〈왜 ETF를 추천하는 것일까?〉

첫 번째, ETF는 주식처럼 사고 팔기가 쉽다.
두 번째, 개별기업을 분석하고 공부하지 않아도 된다.
세 번째, 다른 ETF 대비 수수료가 매우 저렴하다.
네 번째, 분산투자로 투자 위험성을 줄일 수 있다.
다섯 번째, 자동으로 상황에 맞게 종목을 구성 한다.
여섯 번째, 소액으로 전 세계 우량 자산에 투자가 가능하다.

개별 주식을 매수하고 싶지만 예산의 한계로 모든 주식을 담을 수는 없는 것이 현실이다. 하지만 ETF를 활용한다면 적은 금액으로도 수많은 우량한 기업들에 대한 투자가 가능하다. 또한 분산투자를 함으로써 개별주식 한두 종목만 가지고 있을 때보다 위험도가 낮아진다. 생업에 바쁜 사람들도 개별주식을 분석할 필요가 없어서 투자에 있어 여유시간을 많이 가질 수 있다는 장점이 있다.

미래형 월세 받는 리츠 ETF

우리는 앞서 부동산 투자에 대하여 알아보았다. 부동산 투자를 위해서는 취득세, 재산세, 양도소득세 등 각종 세금을 내야 하고 노후 건물로 인한 각종 보수가 들어간다. 또한 부동산 투자를 하려면 큰 돈이 필요하다. 하지만 부동산에 투자하는 리츠 기업 주식에 투자한다면 적은 금액으로도 투자가 가능하고 시세차익과 더불어 배당수익도 얻을 수 있다. 이처럼 두 마리 토끼를 잡을 수 있는 리츠 상품에 대해 살펴보자.

리츠 기업은 세법에 따라 배당 가능 이익의 90%를 주주에게 돌려줘야 법인세를 면제받을 수 있다. 따라서 리츠 기업에 투자하게 되면 높은 배당 수익을 수령할 수 있다는 점에서 매력적이다. '나는 주가의 상승보다 매달 배당수익이 통장에 꼬박꼬박 들어왔으면 좋겠어!'라고 생각한다면 리츠 기업을 눈여겨보자!

〈기준일자 : 2024. 6월〉

기업명	배당 지급 시기	배당률	배당성장률
프로로지스(PLD)	3, 6, 9, 12월	3.51%	14.47%
아메리칸타워(AMT)	1, 4, 7, 10월	3.33%	12.5%
에퀴닉스(EQIX)	3, 6, 9, 12월	2.23%	10.84%
리얼티인컴(O)	매월	5.93%	2.98%
웰타워(WELL)	2, 5, 8, 11월	2.38%	-3.32%

〈참고 : Market Beat〉

리츠 기업은 상업용 부동산에 투자하는 기업도 있지만 물류센터와 데이터 센터에 투자하기도 한다. 최근 전자상거래 활성화와 4차 산업혁명으로 데이터 경제가 중요해지면서 부동산 상품도 오프라인 비즈니스를 담당하는 영역에서 온라인 비즈니스 영역까지 확대된 것이다.

대표적인 미국 리츠 기업

'리츠'란 부동산 임대사업을 말한다. 대표적인 기업으로 프로로직스(NYSE PLD)와 에퀴닉스(NASDAQ : EQIX)와 아메리칸 타워(AMT)가 있다. 프로로지스는 전 세계 19개국에 6,700개의 물류창고를 운영하고 있다. 프로로지스의 대표적인 고객사로는 아마존과 페덱스가 있으며, 공실률은 최저 수준이다. 늘 95% 정도의 물류창고가 가득 차 있다. 앞으로 전자상거래 시장이 더 커질수록 거대한

창고에 대한 수요는 커질 것이다.

아메리칸 타워는 현재 전 세계에 약 18만 개의 타워를 보유하고 있으며, 지난 10년간 연속적으로 배당금을 증액하였다. 10년 배당 성장률이 18.5%로 꽤나 높은 편이라 할 수 있다. 이 기업은 버라이즌, AT&T 등 미국 대표 통신사에 통신탑을 임대해주는 사업을 하고 있으며, 앞으로 5G, 6G가 중요해질수록 통신 타워에 대한 수요도 많아질 것으로 기대된다.

에퀴닉스는 데이터센터 분야에서 세계 1위이며 에퀴닉스의 데이터센터에는 약 10,000개 기업이 입주해 있다. 알파벳, 마이크로소프트, 줌과 같은 클라우드 컴퓨팅 기업을 비롯하여 전 세계 대표적인 기업들이 에퀴닉스의 데이터센터에 들어와 있다. 앞으로 데이터센터에 대한 수요가 많이 늘어날 것으로 예상되는 만큼 에퀴닉스의 전망은 긍정적이라 볼 수 있다.

리얼티인컴은 미국에 상장된 세계 최대의 상업용 부동산 투자 기업이다. 주로 상업용 부동산에 투자를 하고 있다. 리얼티인컴은 1994년 상장한 이래 105분기 연속으로 배당 지급액을 늘려왔다. 리얼티인컴은 미국과 서유럽 전역에 걸쳐 13,458개의 독립 부동산을 보유하고 있으며, 대표적으로 월마트, 세븐일레븐, 홈디포, 페덱스 등이 입주해 있다. 매월 배당을 지급한다는 점이 매력적이다.

웰타워(WELL)는 미국, 캐나다 및 영국 전역의 노인 주거시설과 헬스케어 부동산에 투자하는 리츠 기업이다. 초고령 사회에 진입함에 따라 헬스케어 산업이 주목받고 있다는 점에서 성장가능성이 있다.

대표적인 리츠 ETF

〈다양한 리츠기업에 투자하는 리츠 ETF〉

종류	운용사	총 보수	배당 지급	배당률	배당 성장률	수익률	특징
VNQ	뱅가드	0.12%	분기 배당	3.97%	8.3%	7.5%	다양한 기업에 분산 투자
SCHH	찰스 슈왑	0.07%	분기 배당	3.11%	7%	6.8%	저렴한 보수
XLRE	스테이트 스트리트	0.10%	분기 배당	3.2%	6.5%	8.1%	개별 기업 비중이 높음

미국 리츠 ETF 대표적인 세 개의 ETF는 VNQ, SCHH, XLRE가 있다. 첫 번째 소개할 ETF는 VNQ이다. VNQ는 상장된 리츠 ETF 중 가장 오래되었으며, 자산 규모가 가장 크다. 분산투자 효과를 노리고 싶다면 VNQ에 투자하는 것이 좋다. VNQ는 매 분기 배당금을 지급하고 있으며, 수수료는 연 0.12%로 저렴한 편이다. VNQ는 프로로지스, 아메리칸 타워, 에퀴닉스, 크라운 캐슬, 퍼블

릭 스토리지 등 165개 기업에 투자하고 있는 ETF이다.

두 번째, SCHH도 부동산 투자신탁에 투자하는 ETF로 매분기 배당금을 지급하고 있으며, 프로로지스(9.91%), 아메리칸 타워(7.46%), 에퀴닉스(5.71%), 웰 타워(4.15%), 크라운 캐슬(3.89%), 퍼블릭 스토리지(3.66%) 등 119개 기업에 투자하고 있는 ETF이다. 세 리츠ETF 중 가장 저렴한 보수가 특징이다.

세 번째, XLRE은 32개의 기업에 투자하는 ETF로 미국을 대표하는 리츠기업 5개에 투자하는 비중이 38.3%로 가장 높다. (VNQ는 24.9%, SCHH는 29.2%) 따라서 이 5개 기업의 비중을 높이고 싶다면 XLRE를 선택하면 된다.

리츠 ETF의 매력은 무엇보다 안정적이며, 배당수익을 통해 현금흐름을 만들 수 있다는 점이다. 높은 수익을 가져다 주는 성장주도 좋지만 안정성을 위해 일부 자산은 리츠 상품에 투자하여 포트폴리오를 다각화하는 것도 고려해보자. 높은 배당수익률에만 현혹되지 말고 기업이 이익을 잘 내고 있는지, 꾸준히 배당을 늘려왔는지도 살펴봐야 한다는 것도 잊지말자.

주식 투자에 성공한 사람은 무엇이 다른가?

많은 사람들이 노동소득만으로는 답이 없다는 것을 안다. 그래서 주식 투자에 도전해보지만 여기서 성공한 사람들은 많지 않다. 과연 그 이유는 무엇일까? 많은 사람들이 이야기하는 것처럼 주식은 정말 일반인들이 하면 안 되는 것일까? 하지만 우리에게 선택권은 그리 많지 않다. 기업이 더 많은 부를 가지고 가는 자본주의 현실 속에서 '부'라는 배에 올라타려면 기업의 지분 일부라도 소유해야 하기 때문이다.

그리고 우리는 어떤 것을 시작할 때 성공한 사람의 발걸음을 뒤쫓아가려는 자세가 필요하다. 그들은 우리보다 더 오랫동안 시행착오를 겪었고 그 과정 속에서 그들만의 철학을 확립하였기 때문이다. 그들의 철학을 배우는 것은 투자에 성공하기 위한 가장 빠른 방법이자 올바른 방향이라고 생각한다.

그들은 무엇이 다르기에 엄청난 부를 거머쥐었을까? 그들이 어떤 이야기를 하는지 한번 귀기울여보자.

가치투자학파의 창시자 '벤저민 그레이엄'

《현명한 투자자》라는 책의 저자이기도 한 벤저민 그레이엄은 워런 버핏의 스승이기도 하다. 벤저민 그레이엄은 주식에 대해서 이렇게 말한다.

- 첫째, 미래는 불확실하다.
- 둘째, 미래가 불확실하다는 바로 그 이유 때문에, 우리는 조심할 필요가 있다. (그레이엄은 '안전 마진'을 요구했다. 그리고 수익을 보장하기 위해서는 안전 마진 외에도 분산이 필요하다.)
- 주식시장은 단기적으로는(투자자들의 주식 매도 매수를 통해 투표하는) 개표기와 같지만, 장기적으로는(기업의 실체가 정확히 측정되는) 체중계와 같다.

유럽의 전설적인 투자자 앙드레 코스톨라니

앙드레 코스톨라니가 말한 유명한 말이 있다.

- 세계적인 우량주를 사들인 다음 약국에서 수면제를 사서 먹고 몇 년간 푹 자라
- 현재 나는 약 500종목 이상의 주식을 보유하고 있지만 지난

몇 년간 한 종목도 팔지 않았다. 기회가 되면 추가로 사기만 할 뿐이다.

- 솔직히 말하면, 난 여러분 모두에게 장기투자를 권하고 싶다. 장기투자는 모든 주식 거래 중 평균 이상의 결과물을 약속한다.
- 증권 시장의 붐을 거치지 않은 공황은 없으며, 공황으로 끝나지 않는 붐도 없다.

26년간 누적수익률 4,395%를 달성한 장마리 에베이야르

- 가치투자자들의 시간 지평은 5년 혹은 그 이상이다.
- 가치투자가 옳은 방법이더라도 장기투자를 하기 어려운 이유는 '군중심리' 때문이다. 시장에 나와 있는 분석자료는 시간지평이 짧기 때문에 우리는 스스로 기업분석을 해야만 한다. 투자업계의 분석자료는 가치투자자에게는 대부분 별 쓸모가 없다는 것을 이해해야 한다.
- 적절하다고 생각될 때면 기꺼이 군중과는 반대로 갈 수 있어야 한다. 물살을 거슬러 헤엄치듯이 말이다.

40년 이상 연 복리 20%의 수익을 낸 세계적인 투자자 워런 버핏

- 좋은 경영자가 나쁜 기업을 맡아 열심히 경영할 때도 그 기업의 (나쁜) 명성은 변하지 않는다. (그만큼 경영자의 질보다 기업의 질이 더 중요하다는 의미다.)

- 장기적으로 성공한 투자자가 되기 위해 필요한 것은 높은 IQ가 아니라 기질이다.
- 의심스러운 기업을 편안한 가격에 소유하기보다는 의심스러운 가격이라도 편안한 기업을 소유하라

주식농부 박영옥

- 개인 투자자들은 시간이라는 종목의 경주를 해야 한다. 이는 장기투자만을 의미하는 것은 아니다. 기관과 외국인은 팔아야 할 때가 있고 사야 할 때가 있다. 그러나 우리는 다르다. 마음에 드는 기업, 성장할 것이라는 확신이 드는 기업이 나타날 때까지 투자하지 않을 수 있다. 반대로 주가가 올라도 매도하지 않고 더 기다릴 수 있다. 평생 가지고 있다가 자식에게 유산으로 물려줄 수도 있다.
- 폭풍우가 치는 주식시장에서 담대한 마음을 유지하는 사람이 진정한 고수이며, 그들이 주식 투자에 성공한다.

많은 대가들의 이야기를 들어보니 주식투자의 방향이 보일 것이다. 이 말들을 듣고도 아직 "그분들이 나와 다르기 때문에 그런 것이야", "나는 이런 저런 이유로 그렇게 할 수 없어"라고 한계를 짓고 있지는 않는지 모르겠다. 하지만 좋은 기업을 찾아 장기투자를 하는 것은 매일매일 차트분석을 하지 않아도 인내심만 가진다면 가능한 일이다. 물론 쉽지는 않다. 두려움이라는 것을 이겨야

하니까 말이다. 장기간 주식을 보유하고 있는 동안 상승과 하락은 수 없이 반복할 테니까 말이다.

가장 적은 금액으로 가장 좋은 것에 투자할 수 있는 방법이 주식투자이다. 좋은 기업의 주주가 되는 것이 일반인이 부자가 되는 몇 안되는 방법일지 모른다. 그러하기에 지금 당장에라도 대가들의 말을 실천해야 하지 않을까?

또한 시간 부자인 우리 자녀들에게는 어릴 때부터 기업의 지분을 취득하게 해주자. 아이들에게 주식을 사주는 것은 좋은 경제교육이 된다. 제대로 된 경제교육을 해주어야 한다. 적은 돈이라도 괜찮다. 적은 돈으로도 세계 최고의 우량주식을 살 수 있는 방법들이 너무도 많으니 말이다.

★ 알아두면 유용한 미국주식 투자 참고 사이트

종류	사이트 주소	특징
야후 파이낸스	https://finance.yahoo.com/	종목정보, 뉴스, 금융데이터, 주가 차트 등 다양한 정보 제공
구글 파이낸스	https://www.google.com/finance/	주가 검색과 금융데이터 제공
마켓 워치	https://www.marketwatch.com/	금융 뉴스, 주식 시세, 실시간 동향 파악
시킹알파	https://seekingalpha.com/	투자자들이 작성한 분석 기사 및 의견을 통한 깊이있는 정보 제공, 주식 분석과 뉴스 제공
모닝스타	https://www.morningstar.com/	주식, 뮤추얼 펀드, ETF에 대한 심층 분석과 평가 제공
인베스팅 닷컴	https://www.investing.com/	종합 금융 정보 사이트, 주식, 외환, 암호화폐 등 다양한 자산에 대한 정보 제공
핀비즈	https://finviz.com/	시세, 재무정보, 투자의견, 뉴스, 차트 제공 Screener 기능과 Maps 기능 활용 추천
블룸버그	https://www.bloomberg.com/asia	금융 뉴스와 데이터 제공, 전문 투자자들이 자주 이용
디비던드닷컴	https://www.dividend.com/	배당주식에 대한 정보 제공, 배당일정, 배당수익률, 배당 히스토리 확인

나스닥닷컴	https://www.nasdaq.com/	나스닥에 상장된 주식의 배당정보, 주식분할 정보 등 제공
ETF.com	http://etf.com	ETF 특징, 운용방법, 재무정보, 업종, 보유종목현황, 총보수
스톡차트	https://stockcharts.com	미국주식 차트분석
슬릭차트	www.slickcharts.com	미국 3대 지수 다우지수, 나스닥지수, S&P500지수에 편입된 종목들의 편입비중과 등락률 확인
데이터로마	www.dataroma.com	투자 귀재의 포트폴리오 확인 가능
Sure Dividend	www.suredividend.com	배당 왕족주와 귀족주 정보 제공
스톡로우	https://stockrow.com	10년간의 기업실적, 재무제표 확인
팁랭크스	www.tipranks.com	배당락일 임박한 종목 확인 가능

12장

내 자산 상태 점검으로 세우는 미래 전략

부자 되는 가계부 활용법은 따로 있다

매년 초가 되면 직장에서는 연말정산을 실시한다. 연말정산은 근로소득자가 전년도에 벌어들인 소득과 지출을 파악함으로써 개인별 적정한 세금을 정산하는 과정이다. 연말정산 결과에 따라 어떤 가정은 수백만 원을 토해내기도 하고, 수백만 원을 환급받기도 한다. 우리 집도 각자 직장에서 받은 소득과 소비를 바탕으로 연말정산을 해보고 난 후 연말정산 결과에 대해 이야기를 나누었다.

아내 : "이번에 연말정산한 내역 봤어?"

남편 : "이번에 100만 원을 환급받게 돼서 다행이긴 한데, 이게 좋은 건지 모르겠어. 지출이 너무 많아서 환급을 받게 된 거 같은데?"

아내 : "많이 환급받는 것도 무조건 좋은 것만은 아닌 거 같아.

그만큼 소비를 많이 했다는 거니까…. 아무래도 돈 관리를 하지 않으면 안 되겠어"

우리 부부는 연말정산을 통해 일년 동안 쓴 내역을 함께 살펴보면서 그동안 맞벌이라는 핑계로 생각없이 소비를 했던 것에 대해 반성하게 되었다. 버는 것이 많아지면 더 쓰게 되는 것이 어쩌면 인간의 본능이었던가. 직장 일이 바쁘다는 핑계로 끼니 때마다 아이들에게 배달음식을 시켜주었던 것들, 피곤해서 음식 만들기 힘들다는 핑계로 자주 했던 외식 비용 등이 한 달, 그리고 일 년 합계로 살펴보니 엄청나게 많았던 것이다.

힘들게 벌었던 돈들이 쉽게 나가버렸다고 생각하니 당장 이 소비패턴을 바꾸지 않으면 안 되겠다는 생각이 들었다. 그리고 돈을 불리기만 해서는 안 되며, 돈을 관리하는 것도 일종의 재테크라는 생각이 들었다. 그날 이후 돈 관리를 철저히 해야겠다고 결심하고는 가족회의를 통해 우리 가정의 돈 관리 규칙을 정하였다.

우리 가족의 소비계획

1. 남편과 함께 활용할 수 있는 가계부 앱을 활용하여 매일 지출 내역을 기록할 것
2. 배달앱, 쿠팡와우 등 멤버십 삭제하기
3. 신용카드를 없애기
5. 외식은 한 달에 한 번만 하기

6. 음식은 되도록 집에서 직접 해먹을 것
7. 지출은 예산 범위 내에서 할 것

위의 규칙을 정하고 가족들에게 '앞으로 우리 소비를 계획적으로 해서 지금 소비지출을 줄여보자' 라고 선언하였다. 그리고 부부가 함께 매일 지출한 것에 대한 가계부 기록을 하였다. 그렇게 한 달이 지나자 한 달 식비가 100만 원이 넘게 줄어들었다. 아이들 먹이는 것에 대한 미안함과 편리함으로 쉽게 배달음식을 시켜왔던 습관에서 벗어나 건강하게 집에서 만든 음식으로 바꾼 것 뿐인데 너무도 큰 변화였다.

몇 달이 지나 알게 된 더 충격적이었던 사실은, 이렇게 가계부를 쓴 것만으로도 한 달 월급에 가까운 지출이 줄어들었다는 사실이다.

가계부 작성은 어떤 방법이 좋을까?

가계부 작성을 한다는 것은 번거로운 일일 수 있다. 몇 년전 사놓았던 예쁜 종이 가계부는 한두 장 쓰고 고이 모셔놓은 상태였다. 이런 저런 바쁘다는 이유로 가계부 작성을 미뤄왔었던 이유를 생각해보면 종이에 적는 가계부가 굉장히 부담스러웠던 것 같다.

결혼을 한 이후 남편과 각자 소비에 대해 알지 못했기 때문에 내가 쓰는 돈이 전부이고 남편이 지출하는 돈이 얼마나 되는지 파악이 잘 되지 않았다. 하지만 들어오는 돈보다 나가는 돈의 관리가 더 중요하다는 사실을 뼈저리게 느낀 이상 제대로 가계부를 작성하여 돈의 지출 규모를 정확히 파악할 필요가 있었다.

지출 규모를 정확하게 파악하기 위해서는 부부가 합심하여 함께 가계부를 작성하는 것을 추천한다. 부부가 함께 가계부를 작성하게 되면 각자 돈을 관리할 때보다 더욱 소비 통제가 잘 되며 저축금액이 더 늘어나는 것을 확인하게 된다.

배우자가 가계부 작성을 함께하는 것에 동의하였다면, 함께 가계부 작성이 되는 어플을 이용하자. 둘 중 하나가 어플에 기록을 하면 동기화되어 상대방이 작성한 지출 내역을 볼 수 있고, 함께 가계부 통계를 볼 수 있게 된다. 또한 부부가 함께 가계부를 작성을 하게 되면 새어나가는 지출을 막을 수 있다. 그리고 가계의 지출 내역을 제대로 파악할 수 있게 된다.

이렇게 매일 지출시마다 가계부 앱에 기록을 하게 되면 지출을 할 때마다 '이 물건은 꼭 필요한 걸까?'라고 한 번 더 생각하게 되는 자신을 발견할 것이다. 또한 가계 상황을 수시로 점검하여 객관화된 시각으로 가계 재정을 바라봄으로써 여러분은 돈의 흐름을 정확하게 파악하게 되고 더 나은 미래를 계획할 수 있게 될 것이다.

신용카드를 과감히 잘라버려라

여러분은 그간 월급날 채워진 통장이 며칠 지나지 않아 '텅장'으로 되어 버린 경험이 있는가? 나도 한때 신용카드 지출액이 많았을 때 월급날 잠시 스쳐 지나가는 텅장의 경험을 했었다. 이렇게 신용카드는 단기부채의 일환으로 통장을 일순간에 텅장으로 만들어버리는 주범이기도 하다. 지난달에 사용했던 신용카드 사용금액은 한꺼번에 통장에서 빠져나가기 때문에 예측이 쉽지 않다. 또한 한꺼번에 카드대금이 지출되면 허탈감마저 느끼게 한다. 신용카드를 사용하면 당장 통장에 돈이 없어도 지출을 할 수 있기 때문에 쉽게 돈을 쓰게 된다. 그리고 쉽게 사용했던 돈들은 한 달간 쌓여서 다음 달 합계 금액으로 통장을 가볍게 만들어 준다.

신용카드는 내가 지금 지출을 하더라도 바로 돈을 갚지 않아도 되도록 해준다. 이는 소비에 대한 감각을 무디게 만들어 소비를 부추기게 한다. 또한 그 달에 지출한 것을 다음 달에 갚도록 하는 시스템은 매달 지출 규모를 파악하는 것을 어렵게 만든다. 이것이 매달 예산 설정과 가계부 작성을 어렵게 만드는 요인이 되기도 한다.

그동안 포인트나 혜택 때문에 신용카드를 버리기 어려웠다면 이번 기회에 과감히 신용카드를 잘라버리자. 신용카드를 없애는 것은 더 큰 소비지출을 막을 수 있게 해준다. 한꺼번에 신용카드를 없애는 것이 힘들다면 몇 달에 걸쳐서 하나씩 상환하면서 신용카드를 없애는 것을 추천한다. 신용카드를 없애는 순간 그동안 월급날 잠시 스쳐지나갔던 월급통장으로부터 해방이 될 것이다. 이제 부자되는 가계부 작성을 통해 월급날의 풍요로움을 누려보자.

마주하고 싶지 않은 부채를 점검하라

남에게 빌린 돈은 잘 사용하면 약이 되지만 잘못 사용하면 독으로 돌아온다. 집을 살 때 대출은 돈은 레버리지 효과를 일으켜 더 큰 자산으로 보답하기도 하지만, 소비를 위해 신용카드를 사용해서 만든 부채는 나를 더욱 가난하게 만든다. 따라서 우리는 부채에 대해 공부해야 하며 가계의 부채 규모를 정확히 파악할 필요가 있다.

기업에서만 회계 장부를 쓰는 것이 아니다. 가정에서도 매달 가계부를 작성해야 하며 적어도 일년에 한 번 정도는 대차대조표 작성을 해봐야 한다.

“대차대조표란?”

특정 시점의 자산과 부채 그리고 순자산 상태를 확인하게 해준다.

※ 자산 – 부채 = 순자산 / 순자산 + 부채 = 자산

우리 가계의 총 자산이 얼마인지 총 부채가 얼마인지 기록해 본 적이 있는가? 만일 그 부분에 대해 작성해 본 적이 없다면 다음 예와 같이 엑셀로 작성해 볼 것을 권한다.

그래야 우리 가계 자산에서 부채 비율이 적당한지 알 수 있다. 소득으로 부채를 감당하는 데 무리가 없는 수준의 부채라면 좋겠지만, 무리한 부채는 가계의 부담으로 작용한다. 최근 미국 연준이 금리를 급격하게 올리면서 우리나라 한국은행의 기준금리가 상승하였다. 이처럼 급격한 금리 인상은 가계에 큰 부담으로 작용하였다. 금리가 낮았을 때 빌렸던 대출 상환금액이 크게 늘어났기 때문이다.

장기부채의 경우 3개월에 한 번 정도는 대차대조표 작성을 하여 점검해야 한다. 분기별 보고서를 작성하여 가계 운영사항을 점검해 보자. 이렇게 점검하게 되면 자산이 얼마만큼 증가하였는지, 부채가 얼마만큼 감소하였는지 한 눈에 볼 수 있게 된다.

가계 대차대조표를 작성하게 되면 내가 가진 것 중에서 빌린 돈을 명확히 할 수 있게 된다. 부채는 누구에게나 마주하고 싶지 않은 것이다. 하지만 불편한 것일수록 멀리하려고만 하지 말고 제대로 들여다봐야 한다. 부채를 멀리한다고 해서 부채가 사라지지 않는다. 오히려 나를 더욱 옥죄일 뿐이다.

만일 소비를 위해 대출을 받은 신용카드 대출 등의 나쁜 빚이 많다면 이것은 다른 소비를 최대한 줄여서라도 조속히 1순위로 갚아야 한다. 소비로 인한 부채는 나에게 자산으로 남는 것이 없기 때문에 나쁜 부채라 할 수 있다. 반면 자산취득을 위해 담보대출 이용하였다면 급하게 갚을 필요는 없다. 자산구입을 위한 적당한 대출은 더 큰 자산으로 보답해 주니 좋은 대출일 수 있다. 시간이 흘러 자산 가격은 인플레이션으로 상승하지만 주택담보대출로 빌린 돈은 그대로이므로 총 자산 대비 적은 비율만 갚으면 된다.

아래 대차대조표 작성을 할 때 투자용으로 사놓은 주택에 임차인이 있다면 임차보증금으로 받은 돈도 계약 만기 때 돌려줘야하므로 부채에 속하니 부채 칸에 기록해야 한다. 주식 투자를 위해 돈을 빌렸다면 그것도 부채로 기입해보자. 아래 표에 우리 가계의 자산과 부채를 구분해서 기입하고, 자산에서 부채를 뺀 순자산이 분기별로 증가하고 있는지 점검해보도록 하자.

〈가계 대차대조표 : 예시〉

자산			부채			자본 (순자산)
구분	상세	금액	구분	상세	금액	금액
부동산	A아파트	1억2천 만원	대출	주택담보	1억5천 만원	
	B아파트	5억8천 만원	보증금	임차보증금	4억5천 만원	
	C상가	3억원		임차보증금	5백만원	
차량	A차량	5천 만원				
	B차량	3천 만원				
주식	A주식	1억원	대출	주식담보	5백만원	
	B주식	5천 만원				
예금	정기 적금	1천 만원				
	IRP	3백 만원	신용 대출	마이너스 통장	3천만원	
퇴직 연금		5백 만원	대출	연금대출	1천만원	
합계		12억4천8백 만원			6억5천 만원	5억9천8백 만원

가계 대차대조표를 작성할 때 주의할 점은, 작성 시점의 자산 가격을 기입하여야 한다는 것이다. 예를 들어, 주식의 경우는 매일 매일 변동성이 심한 자산으로써 해당 시점의 시장가격을 기준으로 작성을 해야 한다. 차량의 경우는 감가 상각이 크게 발생하는 자산으로서, 감가상각을 반영한 최근 중고로 거래되는 시세를 기준으로 기입을 하는 것이 좋다. 아파트의 경우에는 KB시세나 최근 거래된 실거래가를 기준으로 기입하자. 그래야 작성하는 시점

의 객관적인 자산의 상황을 알 수 있다. 그리고 아래 표와 같이 기간별로 순자산이 증가하였는지, 감소하였는지 살펴보자.

〈기간별 대차대조표 : 예시〉

기간	자산	부채	순자산	증감
1/4분기	12억3천8백만원	6억5천만원	5억9천8백만원	
2/4분기	12억3천8백만원	6억3천만원	6억8백만원	↑2천만원
3/4분기	13억2천만원	6억1천만원	7억1천만원	↑1억2백만원
4/4분기	13억2천만원	5억8천만원	7억4천만원	↑3천만원

부채는 남의 돈이다. 좋은 부채도 마찬가지다. 결국 언젠가는 돌려줘야 할 남의 돈인 것이다. 따라서 꼭 필요한 경우에 부채를 활용해야 한다는 점 잊지 말자. 그리고 가계 대차대조표 작성을 통해 '내 돈'과 '남의 돈'을 구분하자. 이렇게 객관적으로 자산 상황을 파악하면 기간별 순자산의 증감을 점검할 수 있게 되고, 가계의 미래 계획을 세울 수 있게 된다.

《손자병법》에 나오는 '지피지기 백전불태'라는 명언이 있다. '상대를 알고 나를 알면 백 번 싸워도 위태롭지 않다'는 뜻으로, 상대편과 나의 약점과 강점을 충분히 알고 승산이 있을 때 싸움에 임하면 이길 수 있다는 말이다. 우리가 자산을 불리기 위해 무엇을 어떻게 투자를 해야 하는지 공부하는 것도 중요하지만, 그것만으로는 큰 효과가 없다. 내 가계의 현재 시점의 상황을 정확하게 파악하여 제대로 아는 것은 어떻게 투자할지를 아는 것만큼이나 중요하다는 점을 잊지 말아야 한다.

예산 범위 내에서 쓰는 습관

우리는 온갖 화려한 마케팅의 유혹 속에서 살아간다. 미디어를 보아도, 길거리를 걸어도 주위에는 온갖 마케팅 문구들이 우리를 유혹한다. 그 강한 유혹을 뿌리치고 예산 범위내에서 소비를 통제하며 살아간다는 것은 결코 쉬운 일이 아니다. 예산을 정해 놓아도 쉽지 않은 상황에 예산도 정해 놓지 않은 채 당장의 욕망에 따라 소비를 한다면 돈은 고삐 풀린 망아지처럼 정신없이 도망가버릴 것이다. 월급날 통장에 "펴가요", "펴가요"라는 문구가 가득하고 그렇게 다 펴간 통장 잔고가 너무 가볍다면 여러분의 돈 관리 습관에 대해 반성해봐야 할 시점이다.

다른 사람 이야기를 하는 것이 아니다. 나도 마찬가지였다. 나는 사회 초년기 때 종잣돈을 모아야 했기 때문에 소비를 극도로 통제를 했었다. 소득의 90%를 저축했었으니까. 그때는 혼자였기에 모든 것이 단순했었다. 하지만 결혼을 하고 아이들을 낳고 보니 지출도 늘어나고 다양한 종류의 소비가 발생되어 돈 관리가 복잡해졌다. 부부 각자 신용카드 대금과 네이버페이, 카카오페이를 비롯한 편리한 간편결제 등 다양한 지출수단이 점점 늘어나면서 어느덧 돈이 모이기보다 스르르 사라져버렸다.

통장을 보니 버는 돈에 비해 지출이 많은 부분을 차지하고 있어 '이대로는 안되겠다'는 위기 의식이 느껴졌다. 이 상황을 개선하지 않으면 평생 다람쥐 쳇바퀴 도는 삶에서 벗어날 수 없을 것 같았다. 다시 한번 느끼는 것이지만 소득이 얼마인지가 문제가 아니었다. 돈을 관리하고 통제하지 않았더니 돈이 고삐 풀린 망아지처럼 도망가고 있었던 것이다! "버는 것보다 쓰는 것이 중요하다"라는 말이 결코 틀린 말이 아니었다. 반드시 기억해야 할 말이었건만 한동안 잊고 지냈었던 것이었다.

예산을 세워야 하는 이유

'인간으로 산다는 것은 자기통제의 산에 오르기 위한 평생의 투쟁이다. 왜냐하면 진화는 우리에게 분별 있는 목표를 세우기에 충분한 지적 능력을 주었으나 그것들을 관철하기에 충분한 의지력은 주지 않았기 때문이다.'

– 개리 마커스의 《클루지》 중에서 –

여기서 우리가 기억해야 할 것은 '분별 있는 목표를 세우지 않으면 의지력이 부족하기에 반드시 목표를 세워야 한다'라는 것이다! 목표를 세우면서 기록한 사항은 나침반이 될 것이다. 나침반이 없으면 길을 잃기 쉽다. 그러니 예산 편성을 하여 집 안 잘 보이는 곳에 붙여두자. 신기한 것은 이렇게 목표를 세워놓으면 사람은 그것을 지키기 위해 노력을 하게 된다는 사실이다. 그래서 기록의 힘이 중요한 것이다.

매달 초 나는 통제 가능한 돈 관리를 위해 예산을 세웠다. 이렇게 예산을 세웠더니 어느 달의 특정 항목은 예산 범위를 벗어나기도 하고 어느 달은 한참 돈이 남기도 하였다. 그렇게 매달 예산을 세우고 실제 지출한 내역을 기록하는 생활을 하다 보니 예산 범위 내에서 지출하는 달이 훨씬 많게 되었다. 시행착오를 거쳐 점점 더 가계 예산은 업그레이드가 되었다.

그리고 매달 초와 말에 예산을 세우고 결산을 하는 것을 반복하다보니 우리 가정에서 지출되는 돈에 대해 제대로 파악할 수 있게 되고, 변동지출로 분류되었던 지출 금액들이 점점 고정화가 되었다. 궁극에는 매달 수입과 지출이 고정적으로 변하여 내 손바닥 안에서 돈을 관리할 수 있게 되었다.

예산 세우는 습관 들이기

매년 초가 되면 헬스장은 성수기를 맞이한다. 그리고 서점에서 가계부는 매년 초 인기상품이다. 건강도 잠깐 하는 것은 의미가 없다는 것을 모두 알지만 '작심삼일'이라는 말이 괜히 나온 말이 아니다. 돈 관리도 마찬가지다. 위기의식을 느끼고 가계부를 쓰려고는 하지만 꾸준히 지속하는 것은 쉽지 않다. 운동과 돈 관리 둘 다 즐겁지 않은 일이며, 지금 꼭 하지 않더라고 당장에 문제가 발생하지는 않기 때문에 미루게 되는 것이다. 그렇다면 돈 관리를 어떻게 해야 꾸준히 할 수 있을까?

자신에게 잘 맞는 가계부 작성법과 예산 세우기 전략을 찾아보자. 나에게 맞는 방법은 자신만이 가장 잘 안다. 그리고 자신에게 잘 맞아야 오랫동안 지속할 수 있다. 종이 가계부로 직접 글을 쓰고 눈으로 봐야 하는 타입이라면 종이 가계부를 활용하면 된다. 종이에 쓰는 것이 불편한 사람은 가계부 어플을 활용해 보자. 두 방법 모두 장단이 있기 마련이다. 내 몸에 맞는 옷이 따로 있듯이 나의 성향에 맞는 가계부 작성 요령도 따로 있다. 어떤 방법으로 가계부를 작성하는지는 중요하지 않다. 꾸준하게 기록하는 습관이 중요하다. 돈 관리는 평생 해야 하는 일이니 말이다.

혼자가 힘들다면 온라인에 '가계부 챌린지'라고 검색하면 많은 강좌와 챌린지 프로그램이 있다. 나와 같은 고민을 가진 사람들과 함께 챌린지를 하게 되면 꾸준히 하게 된다는 장점이 있다. 나태해질만하면 열심히 하는 동료 덕에 자극도 받을 수 있으니 말이다.

앞서 살펴보았듯이 돈을 일하게 만드는 법을 익히는 것도 중요하지만 돈을 관리하는 것 또한 매우, 너무도 중요하다. 아무리 많이 벌어도 돈을 관리하지 못하면 의미가 없기 때문이다. 그동안 꼭 필요하지 않은 물건들을 사느라 많은 소비를 하였다면 이제 소비를 줄여보자. 예산 범위 내에서 쓰는 습관을 들이면 종잣돈을 빨리 모을 수 있고, 투자자금을 마련할 수 있다. 그리고 이 습관은 여러분을 경제적 자유로 이끌어 줄 것이다.

북큐레이션 • 경제적 자유를 누리고 싶은 이들을 위한 책

《직장인 불로소득》과 함께 읽으면 좋은 책. 부자의 마인드로 돈과 시간의 자유를 누리고자 준비하는 사람이 미래의 주인공이 됩니다.

부자가 되는 포트폴리오 공개

부자 교과서

김윤교 지음 | 19,000원

부자들의 투자 방식만 알면
나도 부자가 될 수 있다!

이 책은 저자가 많은 부자를 만나오면서 그들이 가지고 있는 공통점들을 담았다. 이들이 어떻게 현명하게 돈을 관리하고, 투자할 때 어떤 방식을 사용하는지 노하우를 공개한다. 또한 지수, 달러, 채권을 이용한 분산투자와 장기투자 방법을 알려주고, 부자들이 사용하는 투자 포트폴리오를 공개하면서 일반인에게도 적용할 수 있도록 한다. 마지막으로 주식, 부동산, 펀드, 대체투자 등 다양한 투자처를 비교 분석해 담았다. 부자들의 확실한 투자 방법을 알고 싶다면 이 책을 정독하길 바란다.

인플레이션과 리스크에 대비하기

어른들을 위한 돈 과외

안성민 지음 | 18,000원

매일 카드 결제 문자가 날라오지만
돈 관리는 못하고 있다면?

매달 통장은 비어 있다고 소리치는데 과연 평생 돈 걱정 없이 살아갈 수 있을까? 저자는 재테크의 목적이 자산 증식 자체가 아니라, '이번 달 들어온 돈으로 다음 달에 쓰기'를 평생 실천하면서 '마음 편하게' 사는 것임을 강조한다. 대체 그것이 어떻게 가능하냐고? 이 책과 함께라면 가능하다! 줄줄 새는 내 통장을 가지고 자산 관리 마스터에게 과외를 받는다면 돈의 주인공으로 살아갈 수 있게 될 것이다! 이제 막 취업해 돈을 어떻게 관리해야 하는지 모르겠다면, 매일 카드값에 허덕이고 있다면 꼭 읽어보길 바란다.